Journal d'une

Princesse

MEG CABOT

Journal d'une
Princesse
Cœur brisé

Traduit de l'anglais (États-Unis)
par Josette Chicheportiche

HACHETTE
Jeunesse

Je tiens à remercier Beth Ader, Jennifer Brown, Barbara Cabot, Sarah Davies, Michele Jaffe, Laura Langlie, Amanda Maciel, Abigail McAden et Benjamin Egnatz, tout particulièrement.

L'édition originale de cet ouvrage a paru en langue anglaise chez HarperTeen, an imprint of HarperCollins Publishers USA, sous le titre :

The Princess Diaries, volume IX : PRINCESS MIA

© Meg Cabot, 2008.
© Hachette Livre, 2008 pour la traduction française et la présente édition.
Hachette Livre, 43 quai de Grenelle, 75015 Paris.

Pour Amanda Maciel,
avec toute mon affection et mes remerciements

« *Ah ! oui, Votre Altesse royale, dit-elle. Nous sommes des princesses à ce qu'il paraît. Au moins, une de nous deux en est une.* »

[…] Sara sentit le sang lui monter à la tête. Elle eut bien du mal à s'arrêter. Si vous êtes une princesse, vous ne devez pas vous mettre en rage. […]

« *C'est vrai, dit-elle, quelquefois je fais semblant d'être une princesse. Je prétends que j'en suis une, pour essayer de me conduire comme une princesse.* »

Une Petite Princesse,
Frances Hodgson Burnett

*Vendredi 10 septembre, 9 heures du soir,
dans les toilettes du théâtre Lunt-Fontanne,
pendant l'entracte de La Belle et la Bête* ✨

Il n'a pas appelé. Je viens de téléphoner à ma mère. Il n'a pas appelé et n'a pas non plus laissé de messages sur le répondeur.

Franchement, je trouve qu'elle exagère de m'accuser de penser que le monde ne tourne qu'autour de moi et de ma rupture avec Michael. Je ne pense pas du tout ça. Et comment je pouvais le savoir d'abord, qu'elle venait de coucher Rocky ? Elle n'a qu'à baisser la sonnerie du téléphone si mon frère a autant de problèmes pour s'endormir.

Bref, il n'a pas appelé.

Cela dit, j'aurais dû m'en douter. J'ai vérifié son vol et il lui reste encore quatorze heures avant d'arriver au Japon.

De toute façon, on n'a pas le droit d'utiliser son portable ou son BlackBerry dans un avion. Du moins, pour appeler ou envoyer des S.M.S.

Ou pour répondre à un mail.

Mais ça va. Je ne m'inquiète pas. Il finira bien par appeler.

Dès qu'il lira mon mail, il m'appellera, on fera la paix et tout redeviendra comme avant.

Il le faut.

En attendant, il ne me reste plus qu'à faire comme si de rien n'était. Enfin, comme si de rien n'était quand on n'a toujours pas de réponse de son petit copain avec qui on a cassé après être sortie avec lui pendant deux ans, et à qui on a envoyé un mail pour s'excuser une fois qu'on s'est rendu compte qu'on s'était complètement trompée.

Surtout si, dans la mesure où on ne se remet pas ensemble, on sait qu'on ne vivra dès lors qu'une espèce de vie tronquée, émaillée d'aventures sans intérêt avec des mannequins à qui on n'a rien à dire.

Une minute. Je suis en train de parler de mon père, là. Mais bon, passons.

Vous me suivez ? Parce que c'est un peu ce qui m'attend. Sans les mannequins.

En tout cas, en assistant à *La Belle et la Bête* ce soir avec J.P., j'ai compris que je m'étais comportée comme la pire des idiotes la semaine dernière.

Non que je ne m'en sois pas aperçue avant. Que j'étais la reine des idiotes. Mais disons que le spectacle m'a fait prendre conscience de certaines choses.

Ce qui est bizarre, vu que Michael et moi, on ne partage pas du tout la même passion pour les comédies musicales. Par exemple, j'ai toujours eu du mal à le traîner aux spectacles que j'aime bien, où en général les filles portent des robes à crino-line et où des tas de choses descendent du plafond (comme dans *Le Fantôme de l'Opéra* et *Tarzan*).

Et les rares fois où il m'a accompagnée, il a passé la soirée à se pencher vers moi et à me glisser à l'oreille des remarques du genre : « Je comprends pourquoi c'est la dernière. Aucun type n'accepterait de s'adresser à une théière en chantant, même pour lui confier qu'il est amoureux. Tu es d'accord, n'est-ce pas ? Et d'où sort cet orchestre au complet ? Les personnages se trouvent dans un donjon, que je sache. Ça n'a aucun sens. »

Bref, c'était chaque fois un fiasco. Sans compter que Michael se levait toutes les cinq minutes pour aller aux toilettes, sous prétexte qu'il avait bu trop d'eau pendant le dîner. En réalité, je suis sûre que c'était pour vérifier les signaux d'alerte de *World of Warcraft* sur son téléphone portable. Pourtant, même si je passe une bonne soirée avec J.P. et tout ça, je ne peux pas m'empêcher de regretter que Michael ne soit pas là et descende en flammes *La Belle et la Bête* en taxant le spectacle de niaiserie à la Walt Disney qui vise un public d'enfants dénués de tout sens critique avant de s'en prendre à la musique qui est totalement nulle, et de conclure que tout ça, c'est un piège à touristes pour que les gens dépensent leur argent en tee-shirts hors de prix, tasses et programmes de théâtre sur papier glacé.

Mais ce qui me rend particulièrement triste, c'est que j'ai compris, ce soir, que l'histoire même de *La Belle et la Bête*, eh bien, c'était un peu notre histoire, à Michael et moi.

Attention, je ne dis pas que je suis Belle et Michael la Bête. C'est juste que ça raconte l'histoire de deux personnes qui commencent par être amies et quand elles se rendent compte qu'elles s'aiment, il est presque trop tard…

Oui, c'est complètement nous.

Sauf, bien sûr, que Belle est plus intelligente que moi. Par exemple, elle, elle s'en ficherait que la Bête ait couché avec Judith Gershner avant de la garder prisonnière dans son château, et ait oublié ensuite de lui en parler.

Elle s'en ficherait parce que ça s'est passé AVANT que la Bête et elle ne découvrent leur amour. Alors est-ce que ça pose un problème ?

Exactement : non, aucun.

Comment ai-je pu être aussi stupide ? Je n'en reviens pas. Même si *La Belle et la Bête* est une comédie musicale un peu niaise – O.K., j'admets qu'il y a effectivement des passages qui laissent à désirer –, je vous jure que ce spectacle a jeté une lumière nouvelle sur ma vie.

Ce qui n'est guère surprenant vu qu'il s'agit, après tout, d'une histoire vieille comme le monde.

Bref, je reconnais avoir déclaré dans le passé que pour moi, l'homme idéal, c'était un garçon qui peut assister, du début à la fin, à la représentation de *La Belle et la Bête*, l'histoire la plus romantique et la plus belle jamais écrite, sans ricaner une seule fois (même quand la Bête se transforme en prince ou quand surviennent les faux loups – ils ne peuvent pas non plus les rendre TROP effrayants vu qu'il y a de jeunes enfants dans la salle).

Sauf que je m'aperçois que le seul garçon avec qui je suis allée voir le spectacle qui a passé le test, c'est J.P. Reynolds-Abernathy IV. Il a même versé une larme – je l'ai vue – quand la *Belle* offre courageusement à son père de prendre sa place.

Michael, lui, n'a jamais pleuré à une seule comédie musicale de Broadway. Non, c'est faux. Il a pleuré quand le gorille, qui joue le rôle du père de Tarzan, dans *Tarzan*, se fait tuer.

Il a pleuré… de rire.

Le hic, c'est que je commence à penser que ce n'est pas nécessairement une mauvaise chose. Je veux dire que les garçons sont peut-être juste *différents* des filles. Et pas seulement parce que ce qui les intéresse, c'est de savoir si, un jour, *Nightstalkers* sera adapté au cinéma avec Jessica Biel, reprenant son rôle d'Abby Whistler dans *Blade : Trinity*.

Ou parce qu'ils estiment que ce n'est pas grave s'ils ont couché avec Judith Gershner et qu'ils ne l'ont pas dit à leur petite amie vu que ça s'est passé avant qu'ils sortent ensemble.

Non, c'est parce qu'ils ne sont pas *programmés* comme nous. Par exemple, ils ne sont pas émus par un type en tenue de gorille qui se fait soi-disant tuer sur scène.

En revanche, ils croient complètement à la scène dans *Coup de foudre à Notting Hill* où l'actrice jouée par Julia Roberts tombe amoureuse du libraire qu'interprète Hugh Grant, même si jamais une star de cinéma hyper snob ne tomberait amoureuse d'un homme sans le sou.

Et je dis ça en tant que princesse amoureuse d'un étudiant à la fac.

Bref, je crois que j'ai fini par comprendre : les garçons sont différents des filles.

Ce qui ne pose pas systématiquement un problème. En fait, comme le diraient mes ancêtres : *Vive la différence !*

Des tas de garçons ne sont pas fans des comédies musicales, un point c'est tout.

Mais ces mêmes garçons peuvent tout à fait vous offrir un pendentif représentant un faux flocon de neige au bal du lycée, le soir où vous vous êtes embrassés la première fois.

Ce qui, reconnaissez-le, est assez romantique, non ?

Oh, oh ! Ça sonne. Il est temps que je regagne ma place. Le second acte ne va pas tarder à commencer.

Entre nous, je ne suis pas pressée de retourner dans la salle. J.P. n'arrête pas de me demander si je vais bien.

Je comprends qu'en tant qu'ami, il se fasse du souci pour moi, mais à quoi il s'attend ? Et comment ne peut-il pas se douter que la réponse est, non, je ne vais pas bien du tout. Est-ce que je dois lui rappeler qu'il y a deux soirs à peine, j'ai commis l'erreur de ma vie en arrachant le flocon de neige que je portais au cou avant de le jeter à la figure du garçon qui me l'avait offert ? Est-ce qu'il croit qu'on se relève comme ça d'un traumatisme pareil, sous prétexte qu'on assiste à une comédie musicale avec des tasses à thé qui dansent sur scène ?

J.P. est adorable, c'est vrai, mais il ne comprend pas toujours tout.

Cela dit, Tina a 100 % raison sur une chose : J.P. est un volcan de passion refoulée. Le fait qu'il ait versé une larme le prouve. Il suffit juste qu'il rencontre LA femme de sa vie pour libérer son cœur… pour qu'il explose tel le magma en ébullition du super volcan qui se trouve dans le parc national de Yellowstone.

Bon, c'est clair que Lilly n'était pas cette femme-là (au fait, elle ne m'a toujours pas appelée ni envoyé de mail, même pour me traiter encore une fois de voleuse de petit copain).

D'un autre côté, peut-être que J.P. ne comprend rien. Peut-être n'est-il juste qu'un garçon.

Ils ne peuvent pas tous être comme la Bête, j'imagine.

Vendredi 10 septembre, minuit moins le quart, à la maison ✦

Boîte de réception : 0 message.

Et pas de message non plus sur le répondeur.

Cela dit, l'avion de Michael ne se posera pas avant encore onze heures et demie. Je suis sûre qu'il m'appellera quand il arrivera.

Il ne peut pas faire autrement. N'est-ce pas ?

O.K., j'arrête d'y penser. Parce que, chaque fois, ça me donne des palpitations et j'ai les mains toutes moites.

En attendant, un coursier a apporté une lettre pour moi pendant que j'étais au théâtre. Ma mère me l'a donnée (en ronchonnant) quand je l'ai réveillée pour savoir si Michael avait téléphoné. (Honnêtement, je ne pensais pas qu'elle dormait déjà. D'habitude, elle regarde *David Letterman* jusqu'à l'arrivée de l'invité, vers minuit et demi. Comment je pouvais deviner que l'invitée serait Fergie, et que ma mère irait au lit de bonne heure ?)

En tout cas, j'ai tout de suite vu que la lettre n'était pas de Michael. L'enveloppe était couleur ivoire avec un cachet de cire rouge marqué des lettres D et R. Je ne sais pas pourquoi, mais j'ai senti que Grand-Mère était derrière tout ça.

Du coup, ça ne m'a pas étonnée quand ma mère a dit, toujours en ronchonnant :

« Ta grand-mère veut que tu l'ouvres tout de suite. »

Mais je n'ai pas pu m'empêcher de sursauter quand elle a ajouté :

« Et tu dois l'appeler juste après. Quelle que soit l'heure.

— Même après *11 heures* ? » ai-je fait.

Ça n'a pas de sens. Grand-Mère se couche avant 11 heures tous les soirs sans exception. Enfin, sauf quand elle dîne avec Henry Kissinger ou une personnalité du même genre. Il paraît que si elle n'a pas son compte de sommeil, elle ne peut rien faire le lendemain à cause des poches qu'elle a sous les yeux. Apparemment, la crème anti-hémorroïdes qu'elle applique religieusement avant de se mettre au lit ne sert pas à grand-chose.

« Bref, c'était le message », a conclu ma mère avant d'enfouir sa tête sous les couvertures (comment elle peut dormir avec Mr. Gianini qui ronfle comme c'est pas permis à côté d'elle, c'est un mystère. Ça doit être ça, le vrai amour).

Pour en revenir à la lettre, je n'aimais pas trop l'aspect qu'elle avait, et je n'aimais *pas du tout* l'idée de devoir appeler Grand-Mère juste après l'avoir ouverte.

Mais je l'ai fait. Je suis allée dans ma chambre, j'ai déchiré l'enveloppe, j'ai sorti la lettre, j'ai commencé à la lire…

Et j'ai failli avoir une attaque.

J'avais Grand-Mère au bout du fil deux secondes après.

« Oh, Amelia ! a-t-elle dit, d'une voix complètement réveillée. Parfait. Tu as reçu la lettre ?

— De la MÈRE de Lana Weinberger ? » ai-je pratiquement hurlé.

Je me suis retenue en fait à temps, parce que mon petit frère dort juste à côté, et je ne voulais pas m'exposer une fois de plus au courroux de ma mère en le réveillant. « Qui me demande si je veux bien me charger du discours pour le gala de bienfaisance de son association au profit des orphelins d'Afrique ? Oui. Mais… Comment se fait-il que tu sois au courant ? Tu en as reçu une, toi aussi ?

— Ne sois pas ridicule, a lâché Grand-Mère. Je n'ai pas besoin de cela pour être courant de ce genre de manifestation. À présent, Amelia, je dois savoir. C'est très important. Est-ce qu'elle laisse entendre que tu pourrais faire partie du Domina Rei quand tu seras majeure ? »

Je l'entendais presque saliver à l'autre bout du fil tellement elle était excitée.

« *Est-ce qu'elle dit qu'elle pourrait te coopter quand tu auras dix-huit ans ?*

— Oui, ai-je répondu. Mais, Grand-Mère, je n'ai jamais entendu parler du Domina Rei. Et puis, je n'ai pas vraiment le temps. Je traverse des épreuves difficiles en ce moment et j'ai vraiment besoin de me concentrer pour ne pas me disperser... »

Ce n'était pas du tout la chose à dire. Car Grand-Mère crachait pratiquement le feu quand elle m'a répliqué, sur le ton le plus princier qui soit :

« Sache, pour ta gouverne, que le Domina Rei est l'une des associations de femmes les plus influentes au monde. Comment peux-tu ne pas être au courant ? C'est l'équivalent de l'Opus Dei, sans le côté religieux. »

Je reconnais que j'ai tendu l'oreille.

« C'est vrai ? ai-je fait. Tu parles de la société secrète qu'il y a dans le *Da Vinci Code* ? Celle où les membres se fouettent ? La mère de Lana porte une ceinture métallique hérissée de pointes autour de la cuisse ?

— Bien sûr que non, a dit Grand-Mère avec un *pfuit* de mépris. C'était au sens figuré. »

Quelle déception ! Je n'ai jamais rencontré la mère de Lana (apparemment, elle ne sait rien de moi, parce que dans sa lettre, elle me dit que sa fille est tellement contente qu'on soit amies depuis si longtemps et comme elle regrette que mes obligations royales m'aient empêchée d'assister aux fêtes qu'elle a organisées et auxquelles elle m'a toujours invitée. Ben voyons !), mais l'idée qu'un membre de la famille Weinberger porte des ceintures qui lui rentrent dans les jambes me remplissait de joie.

« Par ailleurs, a repris Grand-Mère, je sais que je t'ai déjà parlé du Domina Rei, Amelia. La comtesse Trevanni en fait partie.

— La grand-mère de Bella ? » me suis-je exclamée.

Grand-Mère ne mentionne quasiment plus sa pire ennemie, la comtesse de Trevanni, depuis que sa petite-fille, Bella, a fait les délices de toute la famille en s'enfuyant l'an dernier à Noël avec mon pseudo-cousin, le prince René, et en tombant enceinte de lui.

Après avoir reçu un sacré savon de mon père (et, à mon avis, un petit paquet d'argent : René s'apprêtait à signer un contrat avec une chaîne de télé pour un nouveau reality show, *Prince Charmant*, dans lequel des jeunes filles s'affrontaient pour obtenir un rendez-vous avec un vrai prince… à savoir René), René a fini par épouser Bella. Au grand dam de Grand-Mère, le mariage a eu lieu dans la plus stricte intimité car, René ayant pris un temps fou pour demander la main de Bella, l'état de celle-ci se voyait un peu trop au goût du magazine *Majesty*.

Bref, René et Bella vivent maintenant dans l'Upper East Side, dans un appartement avec terrasse que la comtesse leur a offert comme cadeau de mariage, assistent ensemble aux cours d'accouchement sans douleur et semblent le couple le plus heureux de la Terre.

Grand-Mère est tellement jalouse que ce soit Bella qui ait épousé René et pas moi – même si je ne suis qu'au lycée –, qu'elle manque de défaillir chaque fois qu'il est question de la comtesse.

Ce qui explique pourquoi elle ne parle jamais d'elle, sauf quand elle ne peut pas faire autrement.

« Audrey Hepburn était également membre du Domina Rei, a-t-elle ajouté. Tout comme Jacqueline Kennedy Onassis. Hillary Rodham Clinton a récemment été cooptée, ainsi que Sandra Day O'Connor de la Cour suprême. Et même Oprah Winfrey. »

Il y a eu alors un blanc dans notre conversation, comme toujours chez les gens de bonne société quand le nom de Mrs. Winfrey est mentionné.

« Tout ça, c'est très bien, Grand-Mère, ai-je repris, mais comme je te le disais tout à l'heure, ce n'est pas vraiment le bon moment pour moi. Je... »

Mais, comme d'habitude, Grand-Mère ne m'écoutait pas.

« On m'a bien sûr proposé d'en faire partie il y a de nombreuses années. Mais, à cause d'un malentendu qui implique un certain gentleman dont je tairai l'identité, ma candidature a été blackboulée sans pitié.

— Oh ! ai-je fait. Quel dommage, mais…

— N'en parlons plus. Je regrette seulement les bruits qui ont couru à l'époque, et qui étaient, tu t'en doutes, totalement erronés ! Quoi qu'il en soit, chaque fois que ma route croisait celle de cet homme, je détournais la tête. Était-ce ma faute s'il s'était amouraché de moi au point de me suivre partout comme un petit chien ? Je n'en reviens pas qu'on ait pu croire qu'il s'agissait d'autre chose que d'une simple… tocade de la part d'un homme bien plus âgé pour une femme jeune qui ne pouvait pas s'empêcher d'être pleine d'esprit et de joie de vivre. »

Il m'a fallu une petite minute pour comprendre à qui Grand-Mère faisait allusion.

« C'était… *toi*, la femme ?

— Évidemment, Amelia ! Qu'est-ce que tu as ? Je… Oh, peu importe ! Le fait est que la comtesse Trevanni entrera dans une rage noire quand elle découvrira que c'est toi qui es chargée du discours à la soirée de bienfaisance du Domina Rei. Ce n'est certainement pas à sa petite-fille qu'on le demanderait. Et pourquoi s'adresserait-on à elle ? Elle n'a jamais rien fait de sa vie, hormis tomber enceinte, ce qui est à la portée de n'importe quelle idiote venue. Et elle est tellement gnangnan qu'elle tremblerait comme une feuille à la vue de deux mille femmes d'affaires prospères impeccablement coiffées et habillées assises devant elle.

— Une minute, Grand-Mère, ai-je soufflé d'une toute petite voix. Tu as bien dit... *deux mille ?*

— Il va falloir qu'on prenne rendez-vous chez Chanel sans plus tarder, a continué Grand-Mère qui visiblement ne m'avait pas entendue. Il te faut une tenue discrète mais jeune. Je pense qu'il est temps que tu passes au tailleur. Les robes, c'est très bien, mais avec un tailleur, en particulier un tailleur en laine, tu es sûre de ne jamais te tromper...

— Deux mille femmes d'affaires prospères impeccablement coiffées et habillées, ai-je répété, au bord de l'évanouissement. Je pensais qu'il s'agissait de femmes comme la mère de Lana... Des femmes au foyer avec jeune fille au pair, cuisinière et domestiques qui...

— Nancy Weinberger est l'une des décoratrices d'intérieur les plus sollicitées de Manhattan, a déclaré Grand-Mère en m'interrompant sèchement.

Elle a refait tout l'appartement que la comtesse a acheté pour René et Bella. Laisse-moi réfléchir, à présent. Les couleurs du Domina Rei sont le bleu et le blanc, mais le bleu n'a jamais été ta couleur. On va devoir... »

À mon tour, je l'ai interrompue.

« Grand-Mère », ai-je dit.

La panique me gagnait. En fait, j'étais dans le même état que quand je pense à Michael, les mains moites en moins.

« Je ne peux pas le faire, ai-je continué. Je suis incapable de parler devant deux mille femmes d'affaires. Je crois que tu n'as pas compris. Je suis en train de vivre une crise romantique et tant qu'elle ne sera pas résolue, je pense qu'il est préférable que je ne me montre pas trop. À vrai dire, même une fois résolue, je ne suis pas sûre de pouvoir prendre la parole devant autant de personnes.

— N'importe quoi, a répliqué Grand-Mère. Tu as parlé devant le Parlement de Genovia au sujet des horodateurs, l'aurais-tu oublié ? Parce que nous, nous ne l'avons pas oublié.

— Ça n'a rien à voir ! me suis-je défendue. Ce n'était qu'une bande de vieux schnocks en perruques ! Franchement, Grand-Mère, je ne pense pas que...

— Bien sûr, le problème, ce sont tes cheveux, a

déclaré Grand-Mère. Ça m'étonnerait qu'ils aient repoussé d'ici là. Peut-être que Paolo pourrait te rajouter quelques extensions. Je l'appellerai demain matin...

— Grand-Mère, ai-je insisté. Je ne... »

Trop tard. Elle avait déjà raccroché.

Génial.

C'est tout ce dont j'avais besoin.

Samedi 11 septembre, 9 heures du matin, à la maison ✨

Boîte de réception : 0 message.

Ce qui n'est pas si bizarre que ça. Michael a encore trois heures de vol avant d'arriver. Et ensuite, il lui faudra passer la douane et tout ça.

Bref, je n'ai plus qu'à être patiente. Et calme. Je n'ai plus qu'à...

Ftlouie : TINA !!!! TU ES LÀ ???? Si tu es connectée, réponds-moi tout de suite. JE ME MEURS !!!!!!!
Cœuraimant : Oui, Mia, je suis là ! Pourquoi es-tu en train de mourir ????

Merci, merci, merci. Merci d'avoir fait que Tina Hakim Baba existe.

FtLouie : Parce que même si je sais que ce qui nous lie, Michael et moi, est trop fort pour se briser à cause d'un simple malentendu, et qu'il va m'appeler dès que son avion se sera posé pour me dire qu'il me pardonne et... Et si ce n'est pas le cas ? S'il ne m'appelle pas ? Oh, mon Dieu... J'aurais les paumes toujours moites !!!!! Tina, je crois que je vais avoir une attaque...

Cœuraimant : Calme-toi, Mia, ça va aller ! Bien sûr que Michael te pardonnera ! Vous vous remettrez ensemble et tout recommencera comme avant. Ce sera même mieux. Les couples qui passent par des épreuves pareilles en ressortent toujours plus forts...

Ftlouie : C'est vrai, tu as raison. Après tout, mes ancêtres ont vécu des épreuves bien pires. Comme l'invasion des maraudeurs, l'enlèvement de leur enfant ou le fait d'être forcé de boire du vin à même le crâne de leur père tout juste assassiné. On va s'en sortir, Michael et moi !

Cœuraimant : Bien sûr ! Bref, j'en conclus que tu n'y vas pas.

FtLouie : Où ça ?

Cœuraimant : À la fête de la victoire.

FtLouie : Quelle fête de la victoire ?

Cœuraimant : Tu sais bien, la fête que Lilly et Yan ont organisée pour avoir remporté les élections des délégués de classe.

FtLouie : Je n'ai pas été invitée.

Cœuraimant : Tu n'as pas reçu le mail ?

FtLouie : Non.

Cœuraimant : Oh.

FtLouie : Quoi, « oh » ?

Cœuraimant : Je ne pensais pas qu'elle parlait sérieusement.

FtLouie : Qui ? Qu'est-ce que tu racontes, Tina ?

Cœuraimant : Lilly. Elle a dit qu'elle ne t'adresserait plus jamais la parole parce que tu l'as poignardée dans le dos en lui volant son petit copain. Je pensais qu'elle plaisantait.

!!!!!!!!!!!!!!!!!!!!!!!!

FtLouie : QUOI ?????? COMMENT PEUT-ELLE DIRE ÇA ???? CE N'ÉTAIT QU'UNE BISE !!!! QUE JE VOULAIS LUI DONNER SUR LA JOUE, SAUF QUE JE L'AI RATÉE ET QUE J'AI TOUCHÉ SES LÈVRES !!!!
Cœuraimant : Je sais. Mais tu es allée voir La Belle et la Bête avec lui hier soir, pas vrai ?
FtLouie : Oui, mais en tout bien tout honneur. J.P. et moi, on est seulement AMIS.
Cœuraimant : En même temps, tu as bien dit dans le passé que pour toi, l'homme idéal, c'était un garçon qui pouvait assister, du début à la fin, à la représentation de La Belle et la Bête, l'histoire la plus romantique et la plus belle jamais écrite, sans ricaner une seule fois ?
FtLouie : Oui, mais c'était il y a longtemps. Et je me suis rendu compte depuis que c'était faux. Maintenant, pour moi, l'homme idéal, c'est celui qui ricanerait.
Cœuraimant : Tu devrais le dire à Lilly.
FtLouie : Pourquoi ? Qu'est-ce qu'elle raconte ? Mais attends... Comment elle SAIT, d'abord, ce qu'on a fait, J.P. et moi, hier soir ? Et comment tu le sais, toi ?
Cœuraimant : Oh... Tu ne l'as pas vue ?
FtLouie : VU QUOI ??????
Cœuraimant : La photo où on te voit avec J.P., à la sortie du théâtre. Elle était dans le New York Post, ce matin. Avec comme légende : « Un nouvel amoureux pour une princesse au cœur brisé ».

UN NOUVEL AMOUREUX
POUR UNE PRINCESSE AU CŒUR BRISÉ

Samedi 11 septembre, New York

L'heure de la rupture aurait-elle sonné pour notre princesse de New York, Mia Thermopolis (de Genovia), et son petit ami de longue date, le jeune étudiant de Columbia, et roturier, Michael Moscovitz ?

Quoi qu'il en soit, Moscovitz a, paraît-il, accepté un contrat d'un an dans une firme de robotique à Tsukuba, au Japon, où il travaille sur un projet top secret.

Mais Son Altesse royale ne semble pas trop se languir de lui – ou perdre de temps à revenir sur la scène des rendez-vous galants.

Aurait-elle en effet déjà remplacé son ancien amoureux par ce jeune homme mystérieux qui l'accompagnait hier soir à la représentation de la comédie musicale *La Belle et la Bête*, à l'affiche depuis plusieurs années ? Selon plusieurs sources non révélées, le jeune homme en question n'est autre que John Paul Reynolds-Abernathy IV, fils du célèbre producteur de théâtre John Paul Reynolds-Abernathy III.

Un habitué du théâtre qui a observé les jeunes gens dans leur loge privée a déclaré : « C'est sûr qu'ils étaient tranquilles, là-haut », tandis qu'un autre ajoutait : « Ils forment un si joli couple. Ils sont tous les deux très grands et très blonds. »

Interrogé par notre quotidien, le porte-parole du palais de Genovia a répondu : « Nous ne commentons pas la vie privée de la princesse. »

Samedi 11 septembre, 10 heures du matin, à la maison ✨

Parfait. Maintenant je sais au moins pourquoi je n'ai pas de nouvelles de Lilly.

Quel gâchis, quand j'y pense.

C'est vrai, quoi. Un, ce n'était qu'une bise. Deux, ils avaient déjà cassé quand j'ai donné cette bise à J.P. Et trois, ON EST ALLÉS AU THÉÂTRE EN AMIS. Il ne faut vraiment pas tourner rond pour penser que JE SORS avec J.P. Reynolds-Abernathy IV !

Attention, ne me faites pas dire ce que je n'ai pas dit : J.P. est drôle, mignon, sympa et tout ça.

Sauf que mon cœur appartient à Michael Moscovitz et lui appartiendra toujours !

Tout ça n'a vraiment pas de sens. Lilly est censée être ma meilleure amie, non ? Comment peut-elle penser que j'ai pu lui faire une chose aussi horrible que lui voler son petit ami ?

Bon, d'accord, j'ai été assez horrible avec son frère cette semaine. Mais seulement parce que je n'avais (bêtement) pas mesuré à quel point ce qu'on vivait était rare. Et quand je l'ai compris, il était trop tard.

Mais JE ME SUIS EXCUSÉE. Ce n'est plus

maintenant qu'une question d'heures (deux exactement) avant qu'il ne reçoive mon mail et me réponde (s'il vous plaît, faites qu'il me réponde). On se rabibochera ensuite, il me renverra mon flocon de neige et tout redeviendra comme avant.

À moins… à moins qu'il ne jette un coup d'œil sur les infos de Google et lise l'article sur J.P. et moi.

Mais pourquoi y accorderait-il le moindre crédit ? Michael n'a jamais cru aux mensonges que les paparazzi ont fait courir sur James Franco et moi ? Alors pourquoi il croirait à CELUI-LÀ ????

Non, ce n'est pas possible. Michael ne peut pas y croire.

C'est *quoi* alors, le problème de Lilly ?

Passons. Je ne vais pas me mettre à angoisser pour ça. Il y a quelque temps, je serais devenue hystérique, je le reconnais. J'aurais appelé mon père pour le supplier que nos avocats exigent une rétractation. J'aurais remué ciel et terre pour trouver qui a refilé le tuyau au *New York Post* – comme si je ne le savais pas (Grand-Mère). J'aurais envoyé frénétiquement des mails à Michael pour lui expliquer frénétiquement que tout ça est faux.

Mais plus maintenant. J'ai grandi, je suis trop mûre pour faire ça. Et puis, je me suis habituée.

Sans compter que je suis DÉJÀ assez flippée comme ça. Je ne vois pas comment je pourrais l'être plus. Je n'arrive presque pas à tenir mon stylo tellement j'ai les mains moites.

Bref, je crois que je vais laisser un petit délai de réflexion à Lilly. Je suis sûre que quand tous ses invités seront là et qu'elle ne me verra pas (j'ai appelé Tina après avoir lu l'article du *New York Post* pour lui dire qu'elle ne boycotte *surtout pas* la fête de Lilly en signe de solidarité avec moi. En fait, j'ai *besoin* qu'elle y aille pour savoir ce que Lilly raconte sur moi), elle sera tellement malheureuse qu'elle me téléphonera pour me supplier de venir.

Du coup, j'irai, on se fera un gros câlin et on sera de nouveau les meilleures amies de la Terre.

En attendant, je n'ai qu'à faire mes devoirs de calcul différentiel. Le problème, c'est que comme je n'ai pas vraiment été très concentrée la semaine dernière, je n'ai AUCUNE IDÉE de ce qui a été dit pendant le cours. Celui-là ou un autre, d'ailleurs. Ce serait bien ma veine si, en plus de tout ce qui m'arrive en ce moment, j'étais renvoyée du lycée.

Et si j'en profitais pour finir le reste de boulettes de porc de chez *Allô Suzie* ? (Ces boulettes sont incroyables. Une fois qu'on commence à en manger, on ne peut plus s'arrêter.)

Oui, bonne idée. Je suis sûre que c'est comme ça qu'une personne mûre gérerait la situation.

ENCORE DEUX HEURES AVANT QUE MICHAEL ATTERRISSE !!!!!!!!!

AU SECOURS !! !!!!!!!!!!!!!!!!!!!

Samedi 11 septembre, 10 heures et quart, à la maison

J'ai écrit mon nom dans le moteur de recherche de Google Actualités pour voir combien d'articles me concernaient, et quelle probabilité Michael avait de voir celui sur J.P. et moi, et il y en a...

527 !!!

Et ce n'est pas tout.

Je suis allée ensuite dans Google Blog Search pour voir si quelqu'un avait créé un blog sur moi et j'ai trouvé un nouveau site Internet : www.jehaismiathermopolis.com. Ce site recense les dix points qui craignent le plus chez moi. Le premier étant mes cheveux. Et le dernier, mon nom.

Entre les deux, la progression va de pis en pis.

Je sais que je suis censée ignorer ce genre de presse négative. Grand-Mère m'a dit que si je répondais ou si j'y réagissais d'une façon ou d'une autre, je ne ferais qu'alimenter leurs ragots et donner à mes détracteurs encore PLUS de matière à me critiquer.

Mais ça. C'est vraiment...

Super. Oui, c'est tout simplement super. Comme si je n'avais pas ASSEZ de soucis.

Non, il faut maintenant que quelqu'un sur cette planète me haïsse suffisamment pour signaler au monde entier qu'avec ma nouvelle coupe de cheveux, mes oreilles font penser à deux anses de théière.

J'avais bien besoin de ça, tiens.

Samedi 11 septembre, 10 heures et demie, à la maison.

Cher Michael,
~~Tu es sans doute déjà arrivé~~

Cher Michael,
~~Salut ! Je me demandais si par hasard tu avais vu~~

Cher Michael,
~~S'il te plaît, ne regarde pas~~

Cher créateur de www.jehaismiathermopolis.com

~~SI VOUS ME DÉTESTEZ AUTANT,
POURQUOI NE ME LE DITES-VOUS PAS
DE VIVE VOIX, ESPÈCE DE VIEUX
LÂCHE ?????~~

Samedi 11 septembre, midi, à la maison

Boîte de réception : 0 message.

Mon portable vient de sonner. J'étais tellement persuadée que c'était Michael (son avion s'est posé maintenant) que j'ai failli le faire tomber en le prenant à cause de mes mains moites et du tremblement qui les agitait (elles étaient toutes grasses aussi parce que j'ai trouvé une cuisse de poulet au fond du frigo et que j'étais en train de la manger quand il a sonné).

Mais bref, ce n'était pas Michael, c'était J.P. qui voulait savoir si j'avais lu l'article du *New York Post*.

« Oui, c'est drôle, hein ? » ai-je dit en me forçant à prendre un ton jovial. Ce qui n'est pas évident quand on a un bout de poulet dans la bouche. « Ils pensent qu'on est amoureux. Ha, ha.

— Oui, a fait J.P. Ha, ha. »

Quelle chance j'ai que J.P. soit si fair-play.

« Je suis vraiment désolée, ai-je continué. Mais, comme tu peux le constater, il ne vaut mieux pas

35

sortir avec moi car on risque chaque fois de voir son nom associé au mien dans un journal. » Je n'ai pas mentionné www.jehaismiathermopolis.com, en me disant qu'il finirait par le découvrir suffisamment tôt comme ça.

« Ça ne me gêne pas, a répondu J.P., d'être associé à une princesse, l'héritière d'un trône. Sans compter que mes parents sont super impressionnés. Ils pensent que j'ai enfin accompli quelque chose. » Ça a été mon tour de faire « Ha, ha », même si, en vérité, j'avais plutôt envie de vomir. Mais c'est peut-être à cause de toute cette viande que j'ai ingurgitée. En fait, j'ai mangé tout ce qui se trouvait dans le frigo. Je ne sais pas ce que j'ai. Franchement. Je suis passée du végétarisme le plus total au cannibalisme en moins d'une semaine.

Bon, d'accord, pas le cannibalisme. Mais je suis devenue une consommatrice excessive de viande.

Pour en revenir à cette sensation de nausée, je savais très bien en réalité qu'elle n'était pas due à la viande mais au fait que Michael était arrivé maintenant, et qu'il allait sans doute consulter sa messagerie d'une minute à l'autre.

« Mia, a repris J.P., tu as entendu parler de la fête de Lilly ?

— Oui, ai-je répondu. Sauf que je ne suis pas invitée, comme tu peux t'en douter.

— C'est ce que je pensais, a fait J.P. J'espérais qu'elle se serait calmée.

— À mon avis, la photo où on nous voit tous les deux ne va pas arranger les choses, ai-je dit.

— C'est vrai, a concédé J.P. Qui sait, ça ira peut-être mieux après ce week-end…

— Oui, qui sait… », ai-je fait.

C'est ce que j'espère, en réalité, quoique je doute qu'un week-end suffise.

« Tu veux qu'on fasse quelque chose, ce soir ? a proposé J.P. Histoire de leur montrer qu'on est au-dessus de ça ?

— C'est adorable de ta part, J.P., ai-je dit. Mais je crois qu'il vaut mieux que je ne sorte pas. Michael a atterri et il ne va pas tarder à regarder ses mails. Et je veux être là, tu comprends, quand il appellera. »

S'il appelle.

Mais il va appeler. *N'est-ce pas ?????*

« Oh, a fait J.P., légèrement surpris. Tu ne crois pas qu'il vaudrait mieux que tu ne sois *pas* là quand il appellera ? Comme ça, il pensera que tu es très occupée. »

J'ai éclaté de rire. J.P. a un sens de l'humour assez tordu, je dois dire.

« Excellent ! me suis-je exclamée. Mais, à mon avis, il va s'en rendre compte quand il verra la photo du *New York Post* et qu'il lira l'article. De toute façon, il faut que je revoie le cours sur le calcul différentiel. Si je veux avoir la moyenne, j'ai intérêt à m'y mettre sérieusement.

— Si tu as besoin d'un coup de main, je peux t'aider, a répondu J.P. Je suis une bête en calcul de différences infinitésimales. »

Quel amour ! Vous vous rendez compte ? J.P. est prêt à sacrifier son samedi soir pour m'aider à faire mes devoirs en maths.

« Merci beaucoup, J.P., c'est super sympa, mais ça va aller. N'oublie pas que je vis avec un prof de maths qui est prêt à me donner un cours particulier dès que je m'arrache les cheveux. Enfin, ce qu'il reste de mes cheveux.

— Comme tu veux, a dit J.P. Mais si tu changes d'avis…

— Je sais qui appeler », ai-je coupé.

En fait, j'essayais de me débarrasser de J.P. vu que Michael risquait d'appeler d'un moment à l'autre. Bien sûr, il pouvait toujours me joindre sur mon portable si le fixe était occupé, mais bon… on ne sait jamais.

« O.K., a dit J.P. Mais n'oublie pas, nous " formons un si joli couple ".

— Parce que nous sommes tous les deux si grands et si blonds », ai-je ajouté.

J.P. a éclaté de rire et a raccroché.

Quand le volcan du parc national de Yellowstone a explosé, il y a six cent quarante mille ans, il a libéré mille kilomètres cubes de débris qui ont recouvert à peu près la moitié de l'Amérique du Nord de cendres d'un mètre quatre-vingts de hauteur.

Eh bien, c'est exactement ce qui va se produire quand J.P. trouvera enfin le vrai amour.

Je sais que c'est complètement égoïste de ma part de penser ça, mais j'espère que, quand il le trouvera, j'aurai toujours le mien. De vrai amour, je veux dire.

Samedi 11 septembre, 4 heures de l'après-midi, à la maison ✸✸

Boîte de réception : 0 message.

Répondeur : 0 message.

Je n'arrive pas à y croire. Michael ne m'a ni envoyé de mail ni appelée.

Ma mère vient de passer la tête par la porte de ma chambre et a dit :

« Mia ? Tu ne dois pas sortir ce soir ? »

Apparemment, cela ne lui a pas traversé l'esprit que si j'étais en pyjama – j'ai mon pyjama Hello Kitty –, c'est que je ne sortais pas. « Non », ai-je répondu en essayant de paraître plus détachée que je l'étais en réalité. POURQUOI N'A-T-IL PAS APPELÉ ? « Je crois que je vais rester ici pour revoir mon cours sur le calcul différentiel et faire mes devoirs.

— Ton cours sur le calcul différentiel ? a répété ma mère avant d'entrer et de me tâter le front. Tu n'as pas l'air d'avoir de la fièvre, pourtant...

— Ha, ha », ai-je fait.

C'est incroyable comme tous les gens qui m'entourent sont devenus de grands comiques ces derniers temps. Mais j'ai quand même glissé mes mains derrière le dos pour qu'elle ne voie pas que j'avais les paumes en sueur.

« Mia, a déclaré ma mère en prenant un air maternel, tu ne peux pas rester enfermée ici à te languir de Michael.

— Je sais, ai-je répondu, presque choquée. Pour qui me prends-tu ? Je suis une féministe, je n'ai pas besoin d'un homme pour être heureuse ! »

Sauf que, quand cet homme-là est dans les parages, et que je sens l'odeur de son cou, mon niveau d'ocytocine augmente, et je suis plus calme et détendue que quand je suis seule. Ou avec qui que ce soit d'autre.

« Bien », a fait ma mère, sceptique. Elle est au courant pour l'ocytocine. « Mais dis-moi, a-t-elle ajouté, tu ne restes pas alors à cause de ce stupide article, n'est-ce pas ?

— Tu parles de celui qui m'accuse de sortir avec l'ex de mon ex-meilleure amie alors que mon propre petit ami et moi-même, on ne s'est pas parlé depuis une semaine ? ai-je demandé, sur un ton léger. Non, voyons ! Pourquoi je me ferais du souci pour ça ? »

Ma mère a alors pincé les lèvres, signe qu'elle n'était pas du tout contente.

« Mia, a-t-elle dit, ce n'est pas parce que Michael avance dans sa vie que tu ne dois pas avancer dans la tienne. Bien sûr, c'est important de pleurer la perte de...

— QUELLE PERTE ! ai-je hurlé. MICHAEL N'A PEUT-ÊTRE TOUT SIMPLEMENT PAS REÇU MON MAIL D'EXCUSE. QUI SAIT D'AILLEURS S'IL N'EST PAS EN TRAIN DE LE LIRE EN CE MOMENT ET S'IL NE S'APPRÊTE PAS À M'APPELER POUR ME DIRE QU'IL M'AIME !

— Arrête de hurler, Mia, a dit ma mère. Tu es sûre que ça va ? Tu m'as l'air un peu pâle. Est-ce que tu as mangé, aujourd'hui ?

— Oui, ai-je répondu en ne sachant pas trop comment lui annoncer que j'avais fini toutes les boulettes et que j'avais mangé le bacon qu'elle gardait pour le petit déjeuner. Et la glace aussi. Et le paquet entier de cookies.

— Parfait. Si tu es sûre d'aller bien et que tu as décidé de rester à la maison de toute façon, Frank et moi, on va peut-être en profiter pour aller voir ce documentaire grunge rock qui passe à l'*Angelica*. On peut te laisser ton frère ?

— Bien sûr », ai-je dit.

Et voilà. Au lieu de sentir l'odeur du cou de Michael, je vais passer la soirée à jouer à Mion, le jeu préféré de Rocky qui consiste à pointer du doigt diverses pièces de sa collection de camions en criant « Mion ! », ce qui veut dire camion dans son langage. Ça me détendra peut-être.

Si seulement les photographes du *New York Post* me voyaient.

La vie trépidante de la princesse préférée des Américains : assise dans son salon en train de jouer au camion avec son petit frère, dans son pyjama Hello Kitty…

… pendant que son cœur se brise lentement et irrévocablement

Dimanche 12 septembre, 10 heures du matin, à la maison ✦

Boîte de réception : 0 message.
Appels : 0.
Je viens de recevoir une alerte M.S.N. !!!!
Ah, c'est Tina ! Mais bon, c'est mieux que rien.

Cœuraimant : Salut, Mia !!!! Alors, il t'a appelée ????
FtLouie : Pas encore, mais il ne devrait plus tarder. Il doit sans doute être toujours à l'aéroport. Mais je suis sûre que, dès qu'il le pourra, il me téléphonera ou m'enverra un mail.

Mon Dieu… Je donne l'air d'être si courageuse et si forte alors que, en réalité, je tremble comme… je ne sais même pas quoi. Comme une toute petite chose qui tremble.
MAIS POURQUOI N'A-T-IL PAS APPE-LÉ ????????

Cœuraimant : Bien sûr qu'il va appeler. Sauf s'il a vu la photo…

O.K. Il est temps de changer de sujet.

FtLouie : Alors, c'était comment, cette fête ????
Cœuraimant : Ça allait. Il ne s'est rien passé de très ex-

traordinaire. Kenny Showalter était là avec des copains de la boxe thaï et ils se sont mis à un moment à faire des pompes torse nu. Je suppose que ça a dû impressionner Lilly, parce qu'elle a fini avec l'un d'eux. Sinon, Yan a mangé trop de cerises à l'eau-de-vie et a vomi dans le lavabo de la salle de bains et, comme plusieurs cerises étaient encore entières, Ling Su a dû les couper en morceaux avec des ciseaux pour qu'elles puissent s'écouler dans la canalisation. C'est à peu près tout. Tu vois, tu n'as rien raté.

FtLouie : Attends une minute. Lilly a fini avec un type qui fait de la boxe thaï ?

Cœuraimant : Oui. Enfin, c'est Boris qui m'a raconté qu'il avait vu Lilly dans les bras d'un garçon quand il a voulu entrer dans la cuisine. Mais comme elle lui a jeté un casier à homards à la figure, il n'a pas eu le temps de voir qui c'était. Tu sais comme Boris a peur des homards...

FtLouie : Tu es sûre que c'était un des garçons de la boxe thaï ?

Cœuraimant : Oui. Il était torse nu.

FtLouie : Mais... mais ça ne va pas du tout ! Lilly ne peut pas faire ça ! Elle ne s'est pas encore remise de sa rupture avec J.P. ! À tous les coups, elle a agi sur un coup de tête. Il faut que quelqu'un lui parle. Est-ce que tu as essayé de lui parler, Tina ?

Cœuraimant : Plus ou moins. Mais elle a m'a ri au nez et m'a traitée de...

FtLouie : De quoi ? De QUOI elle t'a traitée ?

Cœuraimant : Rien, Mia. Il faut que je te laisse, ma mère m'appelle. A + !

Tina n'a pas besoin de me dire de quoi Lilly l'a traitée. Je le sais.

Elle lui a dit de ne pas faire sa Mia.

Mais si je m'inquiète pour Lilly, c'est bien parce que j'ai une RAISON de m'inquiéter. Lilly fait parfois de mauvais choix. Et après, elle souffre.

Bon d'accord, parfois elle fait le bon choix – comme sortir avec J.P. –, et elle souffre quand même.

Mais sortir avec un garçon du Club de boxe thaï dans sa cuisine le lendemain de sa rupture avec son petit copain de six mois ?

Je ne vois pas comment ça pourrait être le bon choix.

Il faut que quelqu'un lui parle avant qu'elle commette une erreur qu'elle ne pourra que regretter.

Si le Dr Moscovitz ne me haïssait pas autant en ce moment – pour avoir cassé avec son fils et être ensuite soi-disant sortie avec le petit ami de sa fille –, je l'appellerais.

Mais, étant donné l'état de nos relations, ce n'est probablement pas la meilleure chose à faire.

Dimanche 12 septembre, 11 heures du matin, à la maison

Boîte de réception : 0 message.
Mais mon téléphone portable a sonné !
Sauf que ce n'était pas Michael. C'était J.P.

J.P. : Salut ! Comment ça va ?

J'avoue que j'ai eu du mal à cacher ma déception.

Moi : Bien. Et toi ?
J.P. : Qu'est-ce qui se passe ? Attends… Ne me dis pas qu'il ne t'a pas appelée ?
Moi : Il ne m'a pas appelée.

Il y a eu à ce moment-là un bruit inintelligible à l'autre bout du fil, puis :

J.P. : Ne t'inquiète pas. Il finira bien par appeler.
Moi : J'espère.
J.P. : Tu plaisantes ? Il serait idiot de ne pas le faire. À part ça, tu as passé une bonne soirée, hier ?

Moi : Ça va. Je n'ai pas fait grand-chose. J'ai joué à Mion avec mon frère.

J.P. : Tu as joué à QUOI ?

Et voilà. Michael, lui, sait ce que Mion veut dire. Et en plus, il JOUE à Mion avec Rocky. Je crois même qu'il aime bien y jouer. Ça le détend. Comme moi.

Moi : Laisse tomber, ce n'est pas grave. Tu es au courant pour Lilly ?

J.P. : Non. Pourquoi ?

Comme je ne voulais pas être celle qui colporte les mauvaises nouvelles, j'ai hésité, et puis j'ai pensé qu'il valait mieux que J.P. l'apprenne par moi plutôt que par n'importe qui, au bahut, lundi.

Moi : Elle est sortie avec un garçon qui fait de la boxe thaï, hier soir à sa fête.

Au lieu du cri horrifié auquel je m'attendais, J.P. a... eh bien, je me demande s'il n'a pas éclaté de rire.

J.P. : Ça ne m'étonne pas d'elle.

Je ne vous cache pas que j'étais choquée. Bon, d'accord, c'est vrai que l'ANCIENNE Lilly, la Lilly d'avant J.P., pouvait tout à fait faire ce genre de chose. Mais pas la Lilly de maintenant !

Et J.P. *riait* !

Moi : J.P., tu ne comprends donc pas ? Lilly agit de la sorte parce qu'elle est perdue et a le cœur brisé à cause de ce qu'elle perçoit comme une trahison de notre part. Cette histoire avec ce garçon de la boxe thaï est en rapport direct avec l'article du *New York Post*. Il faut qu'on fasse quelque chose avant qu'elle ne sombre dans un comportement autodestructeur qui ne pourra que l'entraîner dans une spirale descendante.

J.P. : Je ne vois pas ce qu'on pourrait faire. Lilly est assez grande pour prendre ses décisions toute seule. Si elle veut sortir avec un type qui fait de la boxe thaï, c'est son problème, pas le nôtre.

Je n'en revenais pas qu'il puisse continuer de *rire*.

Moi : J.P., ce n'est pas drôle.
J.P. : D'une certaine façon, si.
Moi : Non, franchement. C'est…

Dimanche 12 septembre, midi, à la maison ✨

J'ai dû arrêter d'écrire brusquement parce que mon portable a sonné. C'était Michael.

Il est au Japon. Il a reçu mon mail.

Il a vu aussi la photo dans le *Post*.

Il dit que ça ne change pas grand-chose. Qu'il aurait préféré que ça ne se passe pas par téléphone mais qu'on ne pouvait pas faire autrement.

Quand je lui ai demandé ce qu'il entendait par « ça », il m'a répondu qu'il y avait réfléchi pendant tout le voyage et qu'il était arrivé à la conclusion qu'il valait mieux, pour moi comme pour lui, qu'on reprenne la relation qu'on avait avant qu'on sorte ensemble. Bref, qu'on redevienne amis.

Il a dit qu'on avait probablement besoin de grandir tous les deux, et que passer un peu de temps loin l'un de l'autre – et peut-être rencontrer des gens nouveaux – nous ferait sans doute du bien.

J'ai répondu O.K. Même si chaque mot qu'il prononçait était comme un coup de poignard dans mon cœur.

Et puis, j'ai dit salut, et j'ai raccroché. Parce que j'avais peur qu'il m'entende pleurer.

Et je ne veux pas que ce soit le dernier souvenir qu'il garde de moi.

Dimanche 12 septembre, midi et demi, à la maison ✦

POURQUOI J'AI DIT O.K. ?????????????????
?????

Pourquoi je n'ai pas dit, à la place, ce que je ressentais vraiment, que je comprenais qu'il fallait qu'on grandisse et qu'on passe un peu de temps loin l'un de l'autre…

… mais pas qu'on redevienne amis et qu'on voie des gens nouveaux ????

Pourquoi je ne lui ai pas dit ce que je pensais, que je préférerais MOURIR que d'être avec n'importe qui d'autre ????

Pourquoi je ne lui ai pas dit la vérité ??????

JE SAIS, ça n'aurait servi à rien d'autre qu'à donner de moi l'image de ce qu'il pense que je suis : une fille immature.

Mais au moins il ne penserait pas que je vais bien et que je suis d'accord.

Parce que je ne suis PAS d'accord.

Je ne le serai JAMAIS.

Et je n'irai plus jamais bien de ma vie.

Lundi 13 septembre, 8 heures du matin, à la maison ✨

Ma mère vient d'entrer dans ma chambre pour me dire qu'elle comprenait que je sois malheureuse.

Elle m'a dit qu'elle comprenait à quel point ce devait être terrible pour moi d'avoir perdu mon petit ami ET ma meilleure amie dans la même semaine.

Elle m'a dit qu'elle compatissait à ma douleur et qu'elle se rendait compte que j'avais besoin de pleurer.

Elle m'a dit qu'elle estimait m'avoir donné le temps et la liberté nécessaires pour me laisser aller à mon chagrin.

Mais elle trouve qu'une journée entière au lit, ça suffit.

Et elle en a assez de me voir dans mon pyjama Hello Kitty que je n'ai pas quitté, si elle ne se trompe pas, depuis samedi.

Et enfin qu'il est temps que je me lève, que je m'habille et que j'aille au lycée.

Évidemment, je n'ai pas eu d'autre choix que lui dire la vérité : je me meurs.

Bon d'accord, je sais bien que je ne suis pas vraiment en train de mourir.

Mais pourquoi, alors, je me sens comme ça ? Je n'arrête pas de me dire que... ça va passer.

Mais ça ne passe pas. Quand je ferme les yeux et que je m'endors, je croise les doigts pour qu'à mon réveil, je me rende compte que tout ça n'était qu'un horrible cauchemar.

Sauf que ce n'est pas le cas. Quand je me réveille, je suis toujours dans mon pyjama Hello Kitty – celui que je portais quand Michael m'a dit qu'on devrait redevenir amis – et ON EST TOUJOURS SÉPARÉS.

Ma mère m'a dit que je n'étais pas du tout en train de mourir. Même après que je lui ai demandé de toucher mes mains moites et de prendre mon pouls – je trouve qu'il ne bat pas régulièrement. Même après que je lui ai montré le blanc de mes yeux qui est devenu jaune, et ma langue qui, elle, est toute blanche et non plus rose, signe de bonne santé. Et même quand je lui ai signalé que d'après www.fauxdiagnostic.com, j'ai tous les symptômes de la méningite.

Dans ce cas, a déclaré ma mère, j'avais intérêt à m'habiller tout de suite parce qu'elle m'emmenait aux urgences.

J'ai baissé les bras, à ce moment-là. O.K., elle avait vu clair dans mon jeu. Du coup, je l'ai juste suppliée de me laisser passer encore un jour au lit. Elle a accepté.

Sauf que je ne lui ai pas dit la vérité : j'ai décidé de ne plus jamais sortir de mon lit.

Je parle très sérieusement. Maintenant que Michael ne fait plus partie de ma vie, je n'ai *aucune* raison de me lever le matin pour aller, par exemple, au bahut.

Réfléchissez un peu.

Je suis la princesse de Genovia et je serai TOUJOURS la princesse de Genovia, que j'aille en cours ou pas.

Et qu'est-ce que ça change que j'y aille ? Rien. Je finirai toujours par avoir un boulot – princesse –, que je sois diplômée ou non.

Et comme j'ai seize ans, PERSONNE ne peut m'obliger à aller en cours.

Voilà, c'est comme ça.

Ma mère m'a dit qu'elle appellerait le lycée pour les prévenir que je ne viendrais pas aujourd'hui, puis qu'elle téléphonerait à Grand-Mère pour lui annoncer que je ne pourrais pas assister à ma leçon de princesse cet après-midi. Elle m'a même dit qu'elle passerait voir Lars et lui suggérerait de prendre sa journée, et qu'enfin je pouvais rester encore au lit si je le voulais.

Mais que demain, je pouvais lui raconter ce que je voulais, j'irais au lycée, un point c'est tout.

Et moi, je dis… c'est ce qu'ELLE croit.

Et si j'allais vivre à Genovia ?

Lundi 13 septembre, 5 heures de l'après-midi, à la maison

Tina vient de passer. Maman l'a laissée entrer.

J'aurais préféré qu'elle ne le fasse pas.

Je ne me suis pas lavée depuis deux jours et j'imagine que ça se voit, à en juger par la tête de Tina quand elle a ouvert la porte de ma chambre.

Mais bon, elle a fait comme si elle n'était pas choquée par mes cheveux super gras et tout ça, et a dit :

« Ta mère m'a raconté. Au sujet de Michael. Oh, Mia, je suis désolée ! Mais il *faut* que tu reviennes en cours. Tu nous manques à tous.

— Pas à Lilly, ai-je répondu.

— Euh…, a fait Tina en grimaçant. C'est vrai, pas à Lilly. Mais tu ne peux pas rester enfermée dans ta chambre pour le restant de ta vie !

— Ne t'inquiète pas, ai-je dit. Je retourne au bahut demain. »

Même si je n'en pensais pas un mot, j'ai senti que mes mains étaient encore plus moites que d'habitude. Parce que, rien qu'à l'idée de me retrouver là-bas, ça m'a donné envie de vomir.

« Comme je suis contente, a fait Tina. Je sais que ça doit être dur pour toi d'avoir cassé avec Michael, mais ce n'est peut-être pas plus mal. Après tout, il est plus âgé que toi, et vous êtes tous les deux à des moments tellement différents de votre vie. Tu es encore au lycée et lui, il est à la fac, et tout ça. »

Je n'en revenais pas. Tina, mon plus fidèle soutien, me trahissait ! Mais je me suis efforcée de ne pas montrer que j'étais blessée.

« Et puis tu vas pouvoir te consacrer vraiment à ton roman, a-t-elle continué, inconsciente du coup qu'elle venait de me porter. Et travailler plus sérieusement à l'école et avoir de super notes qui te permettront d'entrer dans une grande université où tu rencontreras un garçon formidable qui te fera oublier Michael ! »

Super. C'est exactement ce que je veux faire. Oublier Michael. Le seul garçon – la seule PERSONNE – auprès de qui je me suis toujours sentie bien.

Évidemment, je n'ai rien dit de tout ça. À la place, j'ai répondu :

« Tu sais quoi, Tina ? Tu as raison. On se voit demain au bahut. Promis. »

Tina est repartie toute contente, persuadée qu'elle m'avait remonté le moral.

Sauf que je n'y crois pas du tout. À la façon dont Tina imagine ma vie.

De toute façon, je ne retournerai pas au lycée demain. J'ai dit à Tina que j'irais juste pour qu'elle s'en aille. Ça me fatiguait tellement de lui parler. Ça me fatiguait tellement que je n'avais qu'une envie : dormir.

C'est d'ailleurs ce que je vais faire de ce pas. Parce qu'écrire aussi me fatigue.

En fait, *vivre* me fatigue.

Qui sait, peut-être qu'en me réveillant je découvrirai cette fois que tout ça n'était qu'un affreux cauchemar...

Mardi 14 septembre, 8 heures du matin, à la maison

Pas de chance rapport au cauchemar. Je m'en suis rendu compte dès que j'ai vu Mr. Gianini entrer dans ma chambre, une tasse fumante à la main.

« Debout, Mia ! a-t-il lancé. Regarde ce que je t'ai apporté ! Un bon chocolat chaud ! Avec plein de mousse ! Mais pour pouvoir le boire, il va falloir que tu te lèves, que tu t'habilles et que tu ailles au lycée !»

Jamais il n'aurait fait ça si mon petit copain ne m'avait pas cruellement plaquée, m'abandonnant au plus profond des désespoirs.

Pauvre Mr. G. C'était tellement gentil. Franchement.

Mais je lui ai répondu que je ne voulais pas de chocolat chaud. Puis je lui ai expliqué – très poliment – que je n'irais pas au lycée. Ni aujourd'hui ni demain. Ni plus jamais.

Je viens de regarder ma langue dans le miroir. Elle n'est plus aussi blanche qu'hier. Je n'ai peut-être pas de méningite, finalement.

Comment expliquer alors que chaque fois que je me dis que Michael n'est plus dans ma vie, mon cœur se met à battre à toute vitesse ?

À moins que je ne sois atteinte du virus Lassa. En même temps, je ne suis jamais allée en Afrique de l'Ouest où ce virus fait des ravages.

Mardi 14 septembre, 5 heures de l'après-midi, à la maison

Tina est revenue aujourd'hui. Elle m'a apporté les cours que j'ai manqués.

Elle a amené Boris aussi.

J'ai tout de suite vu qu'il ne s'attendait pas à me trouver dans cet état. La preuve, il a dit : « Mia, ça m'étonne qu'une fille féministe comme toi soit à ce point bouleversée parce qu'elle a été plaquée par un garçon. »

Et puis, il a ajouté : « Aïe » quand Tina lui a donné un coup de coude dans les côtes.

Sinon, il ne croit pas à mon histoire de virus Lassa.

Du coup, même si je ne voulais faire de peine à personne – parce que je m'y connais question peine –, j'ai quand même été obligée de rappeler à Boris qu'à l'époque où son ancienne petite amie l'avait plaqué, il s'était fait tomber un globe sur la tête dans une tentative malencontreuse pour la faire revenir sur sa décision. Et j'ai conclu en lui faisant remarquer que ne pas me laver ni sortir de mon lit pendant quelques jours n'était rien en comparaison.

Il a reconnu que j'avais raison. Mais ça ne l'a pas empêché de passer son temps à renifler et à dire : « Ça te gêne si j'ouvre la fenêtre ? Il fait... un peu chaud ici, non ? »

Je m'en fiche si je ne sens pas bon. À vrai dire, je me fiche de tout.

Et parce que plus rien ne m'intéresse, ça n'a pas été

facile pour Tina de m'entraîner dans des conversations futiles – je suis sûre que c'est une idée de ma mère, ça, de me faire parler de choses et d'autres. Bref, Tina a essayé de m'inciter à retourner au lycée en me racontant que J.P. et Kenny avaient demandé de mes nouvelles… Surtout J.P., a-t-elle précisé. D'ailleurs, il lui avait donné quelque chose pour moi – une lettre soigneusement pliée en quatre que j'ai posée dans un coin.

Après ce qui m'a semblé une éternité – je sais ! mais c'est triste quand toutes les tentatives de votre meilleure amie pour vous remonter le moral tombent à plat –, Tina et Boris sont enfin partis. J'ai ouvert la lettre de J.P. Il m'avait écrit des trucs comme : *Allez, ça ne peut pas être si dur que ça, quand même !* et *Pourquoi tu ne me rappelles pas ?* et : *J'ai des places pour* Tarzan *! Ça t'intéresse ? Reviens. Tu me manques.*

C'est adorable de sa part.

Mais quand votre vie n'a plus aucun sens, le dernier endroit où vous avez envie d'être sur Terre, c'est votre lycée… quel que soit le nombre de garçons mignons qui vous disent que vous leur manquez.

Ma mère est entrée en trombe dans ma chambre ce matin, avec les lèvres tellement pincées qu'on ne les voyait presque plus. Elle m'a répété qu'elle comprenait que je sois triste et que je ne trouve plus d'intérêt à la vie parce que mon petit copain m'avait plaquée, que ma meilleure amie ne me parlait plus et que je n'avais pas vraiment la possibilité de choisir le métier que j'avais envie de faire plus tard. Elle m'a répété aussi qu'elle savait que j'avais tout le temps les mains moites, des palpitations et la langue d'une drôle de couleur.

Mais elle m'a dit que trois jours à se complaire dans le malheur, c'était le maximum qu'elle pouvait supporter. Alors, j'allais me lever, m'habiller et aller en cours, et s'il le fallait, elle n'hésiterait pas à me traîner sous la douche.

Je suis restée sans bouger, là où je suis depuis soixante-douze heures – mon lit –, et je l'ai regardée sans rien répondre. Je n'en revenais pas qu'elle soit si dure. Franchement.

Du coup, elle a essayé une autre tactique. Elle s'est mise à pleurer. Elle m'a dit qu'elle se faisait vraiment du souci pour moi et qu'elle ne savait pas quoi faire. Elle m'a dit qu'elle ne m'avait jamais vue dans cet état — par exemple, elle ne comprend pas que je n'aie rien fait l'autre jour quand Rocky a failli enfoncer une pièce de monnaie dans son nez. Il y a une semaine, m'a-t-elle rappelé, je leur faisais la guerre, à Mr. G. et à elle, parce qu'ils laissaient traîner de l'argent un peu partout dans l'appartement et que Rocky pouvait s'étouffer en jouant avec.

Maintenant, je m'en fiche.

C'est faux. Je ne veux *pas* que Rocky s'étouffe. Et je ne veux *pas* que ma mère pleure.

Mais en même temps, je ne vois pas ce que je peux faire pour éviter ce genre de chose.

Ma mère a alors rechangé de tactique. Elle a arrêté de pleurer et m'a demandé si je souhaitais qu'elle sorte la grosse artillerie. Elle m'a dit qu'elle ne tenait pas à déranger mon père qui est occupé en ce moment avec l'Assemblée générale des Nations unies, mais que je ne lui laissais pas vraiment le choix. Est-ce que c'était ça que je souhaitais ? Déranger mon père ?

Je lui ai répondu qu'elle pouvait appeler papa si elle voulait. Que, de toute façon, j'envisageais de lui parler pour savoir si c'était possible que je vive à Genovia toute l'année. Parce que, la vérité, c'est que je veux quitter Manhattan.

Tout ce que je voulais, c'est que ma mère me

laisse tranquille pour que je puisse continuer à pleurer sur mon sort.

Mon plan a marché... un peu trop bien, même. Ma mère était tellement bouleversée qu'elle est sortie de ma chambre en courant et a recommencé à pleurer.

Je ne veux pas la faire pleurer ! Et je suis désolée qu'elle se sente si mal. D'autant plus que je ne tiens pas particulièrement à m'installer à Genovia. Je suis sûre qu'ils ne me laisseraient pas traîner au lit toute la journée. Ce que je trouve de plus en plus agréable, je dois dire. J'ai tout un petit rituel, maintenant. Tous les matins, je me lève avant tout le monde et je vais prendre mon petit déjeuner – en gros, les restes du dîner de la veille que je peux trouver dans le frigo –, ensuite je donne à manger à Fat Louie et je nettoie sa litière.

Puis je retourne me coucher. De temps en temps, Fat Louie me rejoint, et on regarde les clips tous les deux sur M.T.V., ou bien sur V.H.1. Et enfin, quand ma mère ou Mr. G. entrent dans ma chambre et essaient de m'envoyer en cours, je refuse... ce qui m'épuise tellement que généralement j'éprouve après le besoin de faire une petite sieste.

Je me réveille ensuite à temps pour regarder le talk-show *The View* et deux épisodes de *Amy*.

Puis, après m'être assurée qu'il n'y a plus personne à la maison, je vais dans la cuisine et je déjeune d'un sandwich au jambon ou de pop-corn que je fais au micro-ondes ou de n'importe quoi d'autre. En fait, je m'en fiche un peu. Je retourne ensuite au lit avec Fat Louie et je regarde la juge Milian de *The People's Court*, et *Judge Judy* après.

En fin de journée, ma mère m'envoie Tina, et je fais semblant d'être en vie, puis Tina part et je dors un coup, parce que Tina m'a épuisée. Et enfin, après que ma mère, Mr. G. et mon frère se sont endormis, je me lève une dernière fois, je vais me préparer un petit plateau et je regarde la télé jusqu'à 2 ou 3 heures du matin.

Je me réveille quelques heures après et je recommence depuis le début, après m'être redit que je ne rêvais pas et que Michael et moi, on a vraiment cassé.

Je pourrais tout à fait continuer comme ça jusqu'à mes dix-huit ans et recevoir alors mon salaire annuel de princesse de Genovia (que je ne percevrai qu'après avoir atteint ma majorité et pris mes fonctions officielles en tant qu'héritière).

Bon, d'accord, ça risque d'être dur de remplir mes fonctions depuis mon lit.

Mais je suis sûre que je trouverai un moyen.

Cela dit, ça craint vraiment que ma mère ait pleuré à cause de moi. Peut-être que je devrais lui écrire un petit mot ou lui fabriquer une carte.

Sauf que ça m'obligerait à sortir de mon lit pour chercher des feutres et du papier. Et je suis trop fatiguée pour faire tout ça.

Mercredi 15 septembre,
5 heures de l'après-midi, à la maison

Ma mère ne plaisantait pas quand elle m'a dit qu'elle allait sortir la grosse artillerie. Tina n'est pas venue après les cours.

C'est *Grand-Mère* qui est venue.

Autant j'aime ma mère et je suis désolée de l'avoir fait pleurer, autant elle se trompe si elle pense que Grand-Mère va réussir à m'envoyer au lycée.

Parce que je n'irai pas. Ça ne sert à rien.

« Que veux-tu dire par "Ça ne sert à rien" ? a demandé Grand-Mère. Bien sûr que ça sert à quelque chose. Ça te servira à *apprendre.*

— À apprendre quoi ? ai-je rétorqué. Mon métier est déjà assuré. Depuis toujours, la plupart des monarques ont été de parfaits crétins, et ça ne les a pas empêchés de régner. Quelle différence ça fait que je sois diplômée ou non d'une grande université ?

— Tu ne veux tout de même pas être ignare ? » a insisté Grand-Mère.

Elle était assise au bord de mon lit, son sac à main sur les genoux, et regardait d'un air désapprobateur autour d'elle, posant les yeux sur les devoirs que Tina m'avait apportés et qui traînaient par terre, ou sur mes figurines de *Buffy contre les vampires*, sans se rendre compte, apparemment, qu'il s'agissait de pièces de collection aussi chères que son stupide service à thé de Limoges.

Mais, à en juger par son expression, elle donnait plutôt l'impression d'être non pas dans la chambre de sa petite-fille mais dans le bureau d'un prêteur sur gages au fond d'une impasse de Chinatown.

Bon d'accord, je l'admets : c'est la pagaille dans ma chambre.

« Et si je voulais être ignare ? ai-je dit. Certaines des femmes les plus influentes au monde ne sont pas allées à l'université.

— Cite-m'en une, a fait Grand-Mère avec une moue de mépris.

— Paris Hilton, ai-je répondu. Lindsay Lohan. Nicole Richie.

— Je suis persuadée que toutes ces femmes sont allées à l'université, a rétorqué Grand-Mère. Et même si ce n'était pas le cas, il n'y a pas de quoi en être fier. L'ignorance n'a jamais été attirante. En parlant d'attirance, depuis combien de temps ne t'es-tu pas lavé les cheveux, Amelia ? »

Pourquoi je me laverais ? Je ne vois pas l'intérêt d'avoir les cheveux propres ou de me doucher maintenant que Michael ne fait plus partie de ma vie.

Mais quand j'ai répondu ça à Grand-Mère, elle m'a demandé si j'allais bien.

« Non, Grand-Mère, je ne vais pas bien, ai-je dit. Je pensais que ça se voyait dans la mesure où je ne suis pas sortie de mon lit depuis quatre jours sauf pour manger et aller aux toilettes.

— Oh, je vois ! a fait Grand-Mère, l'air outré. Nous allons devoir aussi faire dans le scatologique. *Franchement*, Mia, je comprends que tu sois triste parce que tu as perdu *ce garçon*, mais…

— Grand-Mère, me suis-je empressée de l'arrêter. Je crois qu'il vaut mieux que tu partes.

— Je ne partirai pas tant que nous n'aurons pas décidé ce que nous allons faire au sujet de *ça* », a-t-elle rétorqué.

Là-dessus, elle a ramassé la lettre de Mrs. Weinberger qui dépassait de dessous mon lit.

« Oh, ça ? ai-je fait. S'il te plaît, demande à ton secrétaire de décliner l'invitation pour moi.

— Décliner l'invitation ? a répété Grand-Mère. Certainement pas, jeune fille. Est-ce que tu sais ce qu'Elana Trevanni m'a dit quand je l'ai croisée hier au *Bergdorf* et que j'ai mentionné l'air de rien que ma petite-fille avait été invitée à prononcer le discours d'introduction du prochain gala de charité organisé par le Domina Rei ? Elle m'a dit…

— O.K., l'ai-je à nouveau interrompue. Je le ferai. »

Grand-Mère est restée bouche bée. Puis elle s'est ressaisie et a dit, d'une voix hésitante :

« Tu vas… vraiment le… faire ?

— Oui, ai-je répondu, tellement j'étais prête à tout pour qu'elle parte. Je le ferai, promis. Mais… est-ce qu'on pourrait en reparler plus tard ? J'ai un peu mal à la tête.

— Tu dois probablement être déshydratée, a déclaré Grand-Mère. As-tu bu tes huit verres d'eau, aujourd'hui ? Tu sais que tu dois boire au moins huit verres d'eau par jour, Amelia, pour éviter de te déshydrater. C'est comme ça que nous autres, les femmes Renaldo, préservons notre teint de rose, en consommant énormément de liquides.

— Je crois que j'ai surtout besoin de me reposer pour l'instant, ai-je dit faiblement. Je commence à avoir mal à la gorge. Je ne voudrais pas avoir une laryngite avant le grand jour… C'est dans quoi, une semaine, c'est ça ?

— Grands dieux ! s'est exclamée Grand-Mère en

se levant si brusquement qu'elle a effrayé Fat Louie qui, endormi au pied de mon lit, est allé se réfugier dans le placard. On ne peut pas se permettre de courir ce risque avant le gala ! Je vais appeler mon médecin personnel pour qu'il passe te voir sans plus tarder. »

Elle a alors fouillé dans son sac à main à la recherche de son téléphone portable – j'ai dû lui expliquer des centaines de fois comment s'en servir –, mais je l'ai arrêtée à temps.

« Ce n'est pas nécessaire, Grand-Mère, ai-je murmuré. J'ai juste besoin de me reposer, je t'ai dit... Ne t'inquiète pas. Et puis, je suis sûre que tu n'as pas envie d'attraper ce que j'ai, n'est-ce pas ? »

Deux secondes après, Grand-Mère n'était plus là.

J'allais ENFIN pouvoir dormir.

Du moins, c'est ce que je pensais. Parce que, cinq minutes après, ma mère est entrée dans ma chambre et m'a regardée d'un air soucieux.

« Mia, a-t-elle dit, est-ce que tu viens de promettre à ta grand-mère de présenter le prochain gala du Domina Rei ?

— Oui, ai-je répondu en enfouissant ma tête sous mon oreiller. Je n'ai rien trouvé d'autre pour la faire partir. »

Ma mère est sortie, encore plus alarmée par mon état, je suis sûre.

Je ne vois pas pourquoi ELLE se fait autant de souci. Après tout, c'est MOI qui vais devoir trouver un moyen de quitter la ville avant le soir du gala.

Jeudi 16 septembre, 11 heures du matin, dans la limousine de papa ✨

J'étais dans mon lit, ce matin, à 9 heures, les yeux soigneusement fermés (parce que j'avais entendu quelqu'un entrer et je n'avais pas envie de parler), quand, tout à coup, j'ai senti qu'on soulevait ma couette et j'ai entendu une voix grave dire :

« De-bout. »

J'ai ouvert les yeux et j'ai découvert mon père, là, devant moi, dans son complet veston et sentant… l'automne.

Ça fait tellement longtemps que je ne suis pas sortie que j'ai oublié les odeurs de dehors.

Mais bref, pour en revenir à mon père, rien qu'à la tête qu'il faisait, j'ai compris que ça allait être ma fête.

Du coup, j'ai répondu : « Non », j'ai repris ma couette et je l'ai ramenée sur ma tête.

À ce moment-là, mon père a dit :

« Lars, si vous voulez bien… »

Mon garde du corps m'a alors attrapée – avec ma couette – et m'a portée hors de l'appartement.

« Qu'est-ce que vous faites ? » ai-je demandé quand, en sortant la tête de sous ma couette, j'ai vu qu'on se trouvait dans le hall de l'immeuble et que Ronnie, la voisine, nous regardait en écarquillant les yeux, un sac de courses dans les bras.

« Quelque chose pour ton bien, a répondu mon père, qui nous suivait, Lars et moi.

— Mais, je suis en pyjama ! » me suis-je exclamée.

Franchement, je n'arrivais pas à y croire.

« Je t'ai demandé de te lever, a répliqué mon père. Et tu as refusé.

— Tu n'as pas le droit de faire ça ! » ai-je crié.

On venait de sortir de l'immeuble et Lars se dirigeait vers la limousine de mon père.

« Je suis une citoyenne américaine ! ai-je continué. J'ai des droits ! »

Mon père m'a dévisagée et a répondu, très sarcastique :

« Non. Tu es mineure.

— Au secours ! ai-je hurlé à tous les étudiants de New York University qui vivent dans notre quartier et qui rentraient chez eux après une soirée mouvementée dans l'East Village. Appelez Amnesty International ! Je suis retenue contre ma volonté !

— Lars, a dit mon père d'un air dégoûté, tandis que les étudiants de New York University regardaient autour d'eux à la recherche des caméras qui, dans leur esprit, devaient filmer une scène de *New York District*. Flanquez-la dans la voiture. »

Et c'est ce qu'a fait Lars ! Il m'a flanquée dans la voiture !

Bon, d'accord, il m'a lancé mon journal. Et un stylo.

Et mes chaussons chinois, ceux avec les fleurs en paillettes sur le dessus.

Mais quand même ! Est-ce une façon de traiter une princesse, je vous le demande ? Ou même un être humain ?

Et pendant tout ce temps, mon père a refusé de me dire où on allait. Chaque fois que je lui posais la question, il répondait :

« Tu verras. »

Cela dit, une fois que je me suis remise du choc initial, je me suis rendu compte, à ma grande surprise, que je m'en fichais. Attention, je ne dis pas que ça ne me faisait pas bizarre d'être dans la limousine de mon père en pyjama Hello Kitty, avec ma couette en guise de manteau.

71

C'est juste que je n'arrivais pas à être plus indignée que ça.

C'est peut-être ça, mon problème : je me fiche de tout.

Je m'en fiche même de me ficher de tout.

Jeudi 16 septembre, midi, dans le cabinet du Dr de Bloch ✵✶

On est assis dans le bureau d'un *psychologue*.

Je ne plaisante pas.

Mon père ne m'a pas ramenée à Genovia dans son jet privé. Non, il m'a conduite chez un *psychologue* dans l'Upper East Side.

Et pas n'importe lequel. L'un des plus grands spécialistes de l'enfance et de l'adolescence du pays. Du moins à en juger par le nombre de diplômes et de prix qu'il a affichés sur les murs de sa salle d'attente.

J'imagine que c'est censé m'impressionner. Ou me rassurer.

En même temps, je ne suis pas sûre d'être très rassurée par son nom. Il s'appelle Dr Emile de Bloch.

Oui, vous avez bien lu. Mon père m'a amenée chez le Dr Emile de Bloch, parce qu'il pense – comme ma mère et Mr. G. – que je *débloque*.

Je sais que je peux donner l'impression de *débloquer*, assise là, en pyjama, enveloppée dans ma couette. Mais c'est la faute à qui ? Ils auraient pu me laisser le temps de m'habiller. Non que je l'aurais fait, bien sûr. Mais s'ils m'avaient dit qu'on irait dehors, j'aurais mis un soutien-gorge au moins.

La secrétaire du Dr de Bloch – ou l'infirmière, je ne sais pas – n'a pas eu l'air de trouver ma tenue déplacée. Elle a juste dit : « Bonjour, prince Philippe » à mon père quand on est arrivés. Enfin, quand Lars m'a portée jusqu'ici. Parce que quand la limousine s'est arrêtée en bas de l'immeuble où le Dr de Bloch a son cabinet, j'ai refusé de sortir. Il était hors de question que je marche dans la 78ᵉ Rue Est dans mon pyjama Hello Kitty ! Je suis peut-être folle mais pas à CE point.

Bref, Lars m'a portée.

La secrétaire n'a pas eu l'air non plus de trouver bizarre que la nouvelle patiente de son patron doive être portée. Elle a dit :

« Le Dr de Bloch va vous recevoir dans un instant. Voulez-vous bien, en attendant, me remplir ce questionnaire, s'il vous plaît ? »

Je ne sais pas ce qui m'a pris, à ce moment-là, mais j'ai complètement paniqué et j'ai presque hurlé :

« Non ! Qu'est-ce c'est, de toute façon ? Un test ? Je ne veux pas passer de test ! »

Curieusement, mon cœur s'était mis à battre à toute vitesse à l'idée de me soumettre à un test.

La secrétaire m'a regardée d'un drôle d'air et a dit :

« C'est juste quelques questions pour savoir dans quel état vous êtes. Il n'y a pas de réponses justes ou fausses. Ça ne vous prendra qu'une minute ou deux. »

Même s'il n'y avait pas de réponses justes ou fausses et que ça ne me prendrait que quelques minutes, je ne voulais quand même pas y répondre.

« Non, ai-je répété. Je n'y tiens pas.

— Je vais en remplir un moi aussi, est intervenu mon père. Est-ce que ça te rassure, Mia ? »

Pour une raison ou pour une autre, oui, ça me rassurait. Parce que, très franchement, si je suis folle, mon père aussi. Il suffit de voir le nombre de paires de chaussures qu'il possède. Et c'est un *homme*.

Bref, la secrétaire a donné à mon père le même formulaire qu'à moi. J'ai commencé à le lire et j'ai vu qu'il s'agissait d'une liste d'énoncés auxquels il fallait répondre en choisissant la formule la plus appropriée. Des énoncés du genre *Je trouve que la vie n'a aucun intérêt.* Et les propositions de réponse étaient les suivantes :

Tout le temps
La plupart du temps
Parfois
Très rarement
Jamais

Comme je n'avais rien d'autre à faire et que, de toute façon, j'avais déjà sorti mon stylo, j'ai répondu. Une fois arrivée à la fin, j'ai remarqué que j'avais presque toujours coché *Tout le temps* et *La plupart du temps*. Comme pour *J'ai l'impression que tout le monde me déteste... La plupart du temps* et *J'ai l'impression d'être bonne à rien... La plupart du temps.*

Mon père, lui, a presque toujours coché *Parfois* et *jamais*.

Même quand l'énoncé était : *J'ai l'impression d'être passé(e) à côté de l'homme/la femme de ma vie.*

Ce qui est totalement faux ! Mon père m'a raconté que la seule femme qu'il avait vraiment aimée dans sa vie, c'était maman, mais il l'a laissée partir, et l'a super regretté après. C'est pour ça qu'il m'a dit de ne pas me comporter comme une idiote en ne retenant pas Michael. Parce qu'il savait que jamais je ne retrouverais un amour pareil.

75

Pourquoi je m'en suis rendu compte trop tard ????
Pourquoi je n'ai pas vu que mon père avait raison ????

Sinon, pour l'énoncé *J'ai l'impression que tout le monde me déteste*, c'est facile pour lui de répondre *Jamais*. Aucun www.jehaisleprincephilippedegenovia.com n'existe.

La secrétaire – Mrs. Hopkins – est venue chercher nos formulaires qu'elle a portés dans une pièce, derrière une porte, à droite de son bureau. Sauf que, de là où je suis assise, je n'arrive pas à voir de quelle pièce il s'agit.

Lars est en train de lire le dernier numéro de *Sports illustrés*. Il est là, tranquille, comme s'il portait des princesses en pyjama dans des cabinets de psychologue tous les jours de la semaine.

Je suis sûre qu'il n'avait jamais pensé que ça pouvait faire partie de son job quand il est sorti de son école de gardes du corps.

« À mon avis, tu vas bien aimer le Dr de Bloch, vient de me dire mon père. Je l'ai rencontré à un gala de charité l'an dernier. C'est un psychologue très connu.

— J'ai cru comprendre, ai-je répondu en montrant du doigt les diplômes et les prix au mur.

— Oui, c'est vrai, a fait mon père. Il m'a été très

chaudement recommandé. Mais ne t'arrête pas à
son nom… ni à sa… façon de faire. »

Sa façon de faire ? Qu'est-ce qu'il veut dire ?

Mrs. Hopkins est de nouveau là. Le Dr de Bloch
va nous recevoir.

Génial.

*Jeudi 16 septembre, 2 heures de l'après-midi,
dans la limousine de papa* ✦✧✦

Je viens de vivre l'expérience la plus étrange de
ma vie.

Le Dr de Bloch n'est pas du tout comme je m'y
attendais.

En fait, je ne sais pas vraiment à quoi je m'attendais mais quand mon père m'a dit de ne pas m'arrêter à son nom ou à sa façon de faire, je pensais,
justement à cause de son nom et de son métier, que
le Dr de Bloch serait un petit vieux chauve avec
un bouc et des lunettes et pourquoi pas l'accent
allemand.

D'accord, il *est* vieux. Il doit avoir l'âge de Grand-
Mère à peu près.

Mais il n'est pas petit. Il n'est pas chauve. Il n'a pas
de bouc. Et il a l'accent de l'ouest. Parce que, m'a-
t-il expliqué, quand il n'est pas à son cabinet à New
York, il est dans son ranch, dans le Montana.

Oui. Gagné. Le Dr de Bloch est un cow-boy. Un *cow-boy* psychologue.

Bref, de tous les psychologues de New York, il a fallu que je tombe sur LE cow-boy.

Son cabinet ressemble à l'intérieur d'un ranch, d'ailleurs. Je ne plaisante pas. Par exemple, sur les murs, il y a plein de photos de mustangs qui galopent dans la prairie. Et tous les livres de sa bibliothèque sont écrits par des auteurs de l'ouest, comme Louis L'Amour ou Zane Grey. Quant aux meubles, ils sont en cuir noir avec de gros clous en cuivre. Il y a même un chapeau de cow-boy suspendu à une patère derrière la porte. Et, au sol, un tapis navajo.

Tout ce que je peux dire, c'est qu'il fait honneur à son nom. Parce que le Dr Emile de Bloch débloque plus que moi.

Mon père devait plaisanter, ce n'est pas possible autrement. Il devait plaisanter quand il m'a dit que ce Dr de Bloch était l'un des psychologues les plus éminents du pays. En fait, j'étais peut-être tout simplement filmée par les caméras cachées de M.T.V. pour l'émission *Punk'd*, et Ashton Kutcher allait débarquer d'un instant à l'autre en criant : « Alors ! Princesse Mia ! Je t'ai piégée, hein ? Ce type, c'est pas un psychologue ! C'est mon oncle Joe ! »

« Bien, a dit le Dr de Bloch de sa grosse voix de

cow-boy après que, mon père et moi, on s'est assis. Vous êtes la princesse Mia. Enchanté. J'ai entendu dire que vous avez été exceptionnellement gentille avec votre grand-mère hier. »

Alors là, je suis restée comme deux ronds de flan. À l'inverse des autres patients du Dr de Bloch qui, j'imagine, doivent être de jeunes enfants, j'ai eu l'occasion de rencontrer deux psychologues jungiens – les Dr et Dr Moscovitz –, et je suis plus ou moins au courant de la façon dont se déroulent les séances chez le psy.

Et elles ne sont certainement pas censées commencer par une assertion totalement erronée de la part du médecin.

« C'est faux ! me suis-je exclamée. Je n'ai pas du tout été gentille avec elle. J'ai juste dit ce qu'elle voulait entendre pour qu'elle me fiche la paix.

— Oh ! a fait le Dr de Bloch. Ce n'est effectivement pas la même chose. Donc, vous êtes en train de me dire que tout va très bien.

— Absolument pas, ai-je répondu. Sinon, je ne serais pas assise dans votre cabinet en pyjama avec ma couette sur le dos.

— J'ai remarqué, oui, a dit le Dr de Bloch. Mais comme vous autres, les jeunes filles, vous vous habillez parfois curieusement, j'ai pensé que c'était la nouvelle mode. »

À ce moment-là, j'ai su que ça n'allait pas le faire. Comment allais-je pouvoir confier mes pensées les plus intimes à quelqu'un qui parlait de moi et de mes pairs en disant « vous autres, les jeunes filles » et qui pense qu'on sortirait volontairement en pyjama Hello Kitty, une couette sur le dos ?

« Ça ne va pas marcher, ai-je dit à mon père en me levant. On s'en va.

— Une minute, Mia, a répondu mon père. On vient d'arriver. Accorde au moins une chance à monsieur. »

Je n'en revenais pas. Si je devais suivre une thérapie, pourquoi mes parents ne me conduisaient-ils pas chez un vrai psy, et pas un COW-BOY ?

« Papa, s'il te plaît, allons-y, ai-je insisté. Avant qu'il me MARQUE AU FER ROUGE.

— Vous avez quelque chose contre les propriétaires de ranch ? a demandé le Dr de Bloch.

— Eh bien, étant donné que je suis végétarienne, oui, ai-je répondu, sans mentionner toutefois que je m'étais remise à manger de la viande il y a une semaine.

— Je trouve que vous montez sur votre pur-sang bien rapidement », a rétorqué le Dr de Bloch.

Je vous jure qu'il a dit « sur votre pur-sang » et pas « sur vos grands chevaux ».

« Surtout pour quelqu'un qui, d'après ceci, déclare

ne se soucier de rien la plupart du temps », a-t-il ajouté en agitant le formulaire que j'avais rempli dans sa salle d'attente.

Du coup, je me suis rassise, avec l'impression que cette plaisanterie allait durer un petit moment, et j'ai répondu :

« Écoutez, docteur euh... – je n'osais même pas prononcer son nom ! –, je crois qu'il est important que vous sachiez que j'ai étudié l'œuvre de Carl Jung. Je me suis battue pendant des années pour m'auto-réaliser. La psychologie ne m'est pas inconnue et je sais très bien ce qui ne va pas chez moi.

— Oh, vraiment ! a fait le Dr de Bloch, l'air intrigué. Éclairez-moi, je vous prie.

— Je me sens juste un peu... déprimée, ai-je déclaré. C'est une réaction normale après ce que j'ai vécu la semaine dernière.

— Exact, a répondu le Dr de Bloch en jetant un coup d'œil à une feuille de papier sur son bureau. Vous avez rompu avec votre petit ami, Michael, c'est ça ?

— Oui, ai-je dit. Je reconnais que c'est peut-être un peu plus compliqué qu'une rupture normale entre deux adolescents, vu que je suis une princesse et que Michael est un génie, et il pense qu'il doit construire un bras-robot grâce auquel les chirurgiens pourront opérer sans ouvrir le thorax pour prouver à ma famille qu'il est digne de moi quand, en vérité, c'est *moi* qui ne suis pas digne de *lui* parce que, dans mon for intérieur, je sais que j'ai complètement gâché notre relation. Bon, d'accord, il est peut-être possible qu'elle était vouée à l'échec depuis le début. D'après l'indicateur typologique de Myers-Briggs, je suis en effet de type INFJ, et Michael ENTJ, et maintenant il veut juste qu'on soit amis et qu'on sorte même avec d'autres personnes, ce qui est la *dernière* chose que moi, je veux. Mais je respecte ses désirs et je sais que si je veux atteindre les fruits de l'autoréalisation, je dois passer plus de temps à construire les racines de mon arbre de vie, et... et..., enfin, voilà quoi. À moins, bien sûr, que je n'aie une méningite. Ou que je sois porteuse du virus Lassa. C'est tout ce qui ne va pas chez moi. Il faut juste que je m'adapte. Mais sinon, ça va. Ça va bien.

— Vous allez bien ? a répété le Dr de Bloch. Vous avez raté presque une semaine de cours alors que physiquement vous n'avez rien de particulier — nous vérifierons cette histoire de méningite, bien sûr —, et vous portez le même pyjama depuis plusieurs jours. Mais à part ça, vous allez bien.

— Oui », ai-je répondu.

Je ne sais pas pourquoi, mais j'ai senti à ce

moment-là que j'allais éclater en sanglots. Et que mon cœur s'était mis à battre super vite.

« Est-ce que je peux rentrer chez moi, maintenant ? ai-je dit.

— Pour quoi faire ? a demandé le Dr de Bloch. Pour retourner au fond de votre lit et vous isoler des autres, ce qui est, si je peux me permettre, un signe classique de la dépression ? »

J'ai cligné des yeux plusieurs fois. Incroyable ! Un parfait inconnu, PIRE, un COW-BOY, osait me parler comme ça ? Mais pour qui se prenait-il, d'abord, cet éminent spécialiste de la psychologie de l'enfant et de l'adolescent ?

« À moins que ce ne soit pour poursuivre votre dérive loin de votre meilleure amie Lilly que vous connaissez depuis… — il a jeté un nouveau coup à la feuille sur son bureau — depuis la maternelle, a-t-il continué, et loin également de tous vos autres amis en évitant d'aller au lycée et en refusant toutes les sorties qui vous obligeraient à interagir avec eux ? »

J'ai recligné des yeux. Je sais que je suis censée être celle qui ne tourne pas rond, mais je dois dire qu'après cet énoncé, c'était clair que lui non plus, il ne tournait pas rond.

Ce n'est pas du tout pour ne pas voir Lilly ou pour ne pas avoir à interagir avec les autres que je refusais de retourner au bahut. Ou que je souhaitais m'installer à Genovia ! Ça n'avait même rien à voir !

Pas de veine pour moi, il n'avait pas fini.

« Pour renoncer à ce que vous aimiez faire jusqu'à présent, comme parler à votre amie Tina sur un *chat*, a-t-il dit, et pour dormir le jour et rester éveillée la nuit tout en prenant du poids parce que vous mangez de manière compulsive quand vous pensez que personne ne vous regarde ? »

Une minute... Comment savait-il tout ça ? ET COMMENT SE FAISAIT-IL QU'IL SOIT AU COURANT POUR TINA ? OU POUR LES COOKIES ?

« Pour pouvoir dire aux autres ce qu'ils ont envie d'entendre afin de vous débarrasser d'eux, et refuser d'observer les règles élémentaires de l'hygiène corporelle, ce qui est également un signe classique de la dépression chez les adolescents ? » a poursuivi le Dr de Bloch.

J'ai roulé des yeux. Tout ça était ridicule. Je ne suis pas en train de faire une dépression. Je suis triste. Et j'ai probablement une méningite, bien que tout le monde semble ignorer mes symptômes.

Mais je ne suis PAS déprimée.

« Pour vous couper encore plus des gens ou des choses que vous aimiez, comme votre petit frère, vos parents, vos amis, vos activités scolaires, votre projet de roman, et sombrer dans le dégoût de vous-même en perdant toute motivation pour changer et aimer à nouveau la vie ? a demandé le Dr de Bloch de sa grosse voix de cow-boy. Désirez-vous que je poursuive ? » a-t-il ajouté.

Je l'ai regardé en battant des paupières. Sauf que cette fois, c'était pour retenir mes larmes. Je n'arrivais pas à y croire. Franchement.

Je n'ai pas de méningite. Je ne suis pas non plus atteinte du virus Lassa.

Je fais une dépression. Je FAIS une dépression.

« Il est possible que je sois…, ai-je commencé en m'éclaircissant la voix parce que j'avais des difficultés à parler à cause de cette boule qui était brusquement apparue dans ma gorge. Oui, il est possible que je sois un peu… déprimée.

— Il n'y a aucun mal à admettre que l'on est déprimé, a déclaré le Dr de Bloch doucement. Cela arrive à beaucoup de gens. Faire une dépression ne signifie pas que vous êtes folle, que vous avez raté votre vie ou que vous êtes une mauvaise personne. »

J'ai ravalé mes sanglots et j'ai murmuré :
« O.K. »

C'est le maximum que je pouvais dire.

Mon père m'a alors pris la main. Ce qu'il n'aurait

peut-être pas dû faire parce que ça m'a encore plus donné envie de pleurer. Sans compter que j'avais les mains super moites.

« Et vous avez le droit de pleurer », a repris le Dr de Bloch en me tendant une boîte de Kleenex qu'il a sortie de dessous son bureau.

Comment faisait-il ça ? Comment arrivait-il à si bien lire dans mes pensées ? Est-ce que c'est parce qu'il passait autant de temps dans la prairie ? Au milieu des bisons et des chevaux ?

« C'est tout à fait normal, et même sain, étant donné ce que vous avez vécu récemment, Mia, d'être triste et d'éprouver le besoin de parler à quelqu'un, a déclaré le Dr de Bloch. C'est pour cela que votre famille a décidé de vous amener ici. Mais si vous n'admettez pas que vous avez un problème et que vous avez besoin d'aide, je ne peux pas faire grand-chose. Pourquoi n'essaieriez-vous pas de me dire *franchement* ce qui ne va pas et comment vous vous sentez *vraiment* ? Et cette fois, laissez tomber l'arbre jungien de l'autoréalisation. »

À ce moment-là, avant même que je mesure ce qui se passait, je me suis rendu compte que je n'en avais plus rien à faire d'être piégée ou pas.

C'était peut-être à cause du tapis navajo. Ou du chapeau de cow-boy suspendu à la patère derrière la porte. Ou parce que je savais tout simplement qu'il avait raison : je ne pouvais pas continuer à rester comme ça dans ma chambre.

Quoi qu'il en soit, l'instant d'après, je racontais tout à cet étrange cow-boy vieillissant.

Enfin, pas TOUT, évidemment, vu que mon père était là. Ce qui est, semble-t-il, une des règles du Dr de Bloch : à la première consultation d'un mineur, l'un des parents doit être présent. Mais ensuite, s'il décidait de me prendre comme patiente, ce ne serait plus le cas.

Bref, si je ne lui ai pas dit tout, je lui ai raconté le plus important, à savoir ce que je n'ai pas réussi à me sortir de l'esprit depuis ce fameux dimanche quand j'ai raccroché après avoir parlé à Michael. Et ce qui a fait que je suis restée dans mon lit pendant tout ce temps.

Curieusement, ça m'a rappelé la première fois qu'on a rendu visite à mes grands-parents maternels, maman et moi, à Versailles, dans l'Indiana. Pépé m'avait prévenue de ne pas m'approcher du vieux réservoir abandonné derrière la ferme. Il était recouvert d'une planche en contreplaqué, et Pépé attendait une pelleteuse pour pouvoir le reboucher.

Comme je venais de lire *Alice au pays des merveilles*, j'étais bien sûr obsédée par tout ce qui évoquait un terrier de lapin.

Du coup, j'ai soulevé la planche en contreplaqué et je me suis tenue au bord du réservoir et là, j'ai regardé au fond en me demandant s'il conduisait au pays des merveilles et si je pouvais y aller. Le problème, c'est que la terre, sur le bord, s'est effondrée et je suis tombée.

Je ne me suis pas retrouvée au pays des merveilles. Loin de là, même. Mais je n'ai pas été blessée ni quoi que ce soit, et j'ai fini par remonter en m'accrochant aux racines qui dépassaient ici et là.

J'ai remis la planche en contreplaqué en place et je suis retournée dans la maison, couverte de boue et tremblant des pieds à la tête. Je n'ai rien raconté, bien sûr, de mes mésaventures parce que je savais que Pépé serait très en colère. Mais heureusement pour moi, personne ne s'est jamais aperçu de rien.

Ce qui se passe, c'est que depuis que j'ai parlé à Michael dimanche dernier, j'ai tout le temps l'impression d'être au fond d'un trou, comme ce jour-là, chez Pépé et Mémé. Je ne plaisante pas. Je suis là et je cligne des yeux à cause du ciel bleu tout là-haut, et je ne comprends vraiment pas comment j'ai fait pour me retrouver dans cette situation.

Sauf que, cette fois, il n'y a pas de racines pour m'aider à remonter à la surface. Je suis coincée au fond. Je vois la vie qui continue normalement au-dessus de ma tête – les gens qui rient, qui s'amusent, le soleil qui brille, les oiseaux qui chantent, les nuages qui défilent –, mais je ne peux rien faire d'autre que rester où je suis et regarder, impuissante, du fond de mon trou.

Bref, une fois que j'ai fini d'expliquer tout ça au Dr de Bloch – c'est-à-dire quand je ne pouvais plus articuler tellement je pleurais –, mon père a commencé à marmonner des menaces, comme quoi Pépé ne perdait rien pour attendre (je crois même que je l'ai entendu dire qu'il n'hésiterait pas à se servir d'un pistolet Taser).

Le Dr de Bloch, lui, a levé les yeux de la feuille sur laquelle il avait pris des notes pendant que je parlais, il m'a regardée fixement et il a dit un truc incroyable.

Il a dit :

« Parfois dans la vie, on tombe dans des trous dont on ne peut remonter seul. C'est à ça que servent les amis et la famille : à vous aider à remonter. Mais ils ne peuvent pas vous aider si vous ne leur dites pas que vous êtes au fond du trou. »

J'ai recommencé à battre des paupières. C'était dingue mais… je n'y avais pas pensé. Je sais, ça peut paraître stupide, mais l'idée d'appeler au secours ne m'avait jamais effleuré l'esprit.

« Maintenant que nous savons que vous êtes au fond de ce trou, a repris le Dr de Bloch avec l'accent nasillard des gens de l'ouest, est-ce que ça vous intéresse qu'on vous tende la main ? »

Le problème, c'est que je n'étais pas sûre qu'on *puisse* me tendre la main. Le trou était trop profond et j'étais tellement fatiguée... que je n'étais même pas sûre que, si on m'envoyait une corde, j'aurais la force de l'attraper.

« Oui, peut-être, ai-je dit. Pourquoi pas, si ça marche.

— Ça marchera, a répondu le Dr de Bloch d'une voix neutre. À présent, je voudrais que demain matin, vous alliez voir votre médecin pour qu'il vous prescrive une prise de sang, afin de vérifier que nous ne passons pas à côté de quoi que ce soit. Certains états, comme la méningite, peuvent affecter l'humeur, donc autant éliminer tout risque. Vous viendrez ensuite me voir pour notre première séance, ici après vos cours. Mon cabinet ne se trouve pas très loin de votre lycée, ce qui est très pratique. »

Je l'ai dévisagé, la bouche brusquement sèche.

« Je... je ne crois pas être capable de retourner en cours demain, ai-je bafouillé.

— Et pourquoi pas ? » a fait le Dr de Bloch, surpris.

Mon cœur s'est serré.

« C'est juste que... ce serait peut-être mieux si je

reprenais le lycée... lundi ? Histoire de commencer le premier jour de la semaine ? »

Il m'a observée à travers ses lunettes à monture d'argent. J'ai remarqué qu'il avait les yeux bleus, et que sa peau, autour, était toute parcheminée. Et qu'il avait un regard très doux. Comme doivent avoir les cow-boys, sans doute.

« À moins que... que vous ne me prescriviez un médicament ? Quelque chose qui pourrait me rendre les choses plus faciles », ai-je ajouté.

Idéalement, j'aurais bien aimé une pilule qui m'anéantirait complètement et qui ferait que je ne sentirais plus rien jusqu'à... la fin de mes études secondaires ?

À nouveau, le Dr de Bloch m'a donné l'impression de comprendre exactement ce que je voulais dire. Et il a eu l'air de trouver ça drôle.

« Je suis psychologue, Mia, a-t-il répondu avec un petit sourire. Pas psychiatre. Je ne suis pas autorisé à prescrire des médicaments. Mais j'ai un collègue qui peut le faire si je juge que l'un de mes patients en a besoin. Ce qui ne me semble pas votre cas. »

Quoi ? Mais il se trompait complètement ! J'avais super besoin de médicaments au contraire ! Personne même n'en avait plus besoin que moi ! Personne ! S'il connaissait Grand-Mère, il n'hésiterait pas à m'en donner !

Quand j'ai vu que le Dr de Bloch écarquillait brusquement les yeux et que mon père gigotait nerveusement sur sa chaise, j'ai compris que... je venais de prononcer cette dernière phrase – celle qui concernait Grand-Mère –, à voix haute.

Oups.

« Reconnais que c'est vrai, ai-je dit à mon père.

— C'est vrai, a-t-il admis en soupirant. Et je suis bien placé pour le savoir.

— Eh bien, j'ai hâte de rencontrer votre grand-mère, Mia, a déclaré le Dr de Bloch. De toute évidence, c'est quelqu'un qui compte dans votre vie, et je serais curieux de voir comment fonctionne la dynamique entre vous. Pour en revenir à votre demande de médicaments, rien dans ce formulaire n'indique que vous êtes suicidaire. En fait, à la question *Avez-vous déjà eu envie de vous tuer,* vous avez répondu *Jamais.*

— C'est seulement parce que pour... me tuer, il faudrait que je sorte de mon lit, ai-je répondu en me sentant super mal à l'aise. Et je n'en ai pas très envie. »

Le Dr de Bloch a souri.

« Franchement, je ne pense pas que les médicaments soient la solution dans votre cas, a-t-il dit.

— Mais j'ai besoin de *quelque chose*, ai-je murmuré. Sinon, je ne sais pas comment je vais faire pour tenir toute la journée. Je parle sérieusement. Sans vouloir vous offenser, je crois que vous n'imaginez pas comment c'est dans les lycées aujourd'hui. Ça fait vraiment peur.

— Eleanor Roosevelt, une femme qui, vous en conviendrez, avait la tête sur les épaules, a dit : "Faites une chose par jour qui vous terrifie." »

J'ai secoué la tête.

« Ça n'a aucun sens. Pourquoi on ferait volontairement des choses qui nous font peur ?

— Parce que c'est la seule façon de grandir en tant qu'individu, a répondu le Dr de Bloch. Bien sûr, des tas de choses font peur comme apprendre à faire du vélo, conduire un avion pour la première fois, retourner au lycée après avoir rompu avec son petit ami de deux ans et alors qu'une photo, largement diffusée dans la presse, nous montre au bras du copain de notre meilleure amie. Mais si vous ne prenez pas de risques, vous ne changerez pas. Et est-ce vraiment comme ça que vous pensez que vous allez pouvoir sortir du trou dans lequel vous êtes tombée ? Ne croyez-vous pas que la seule façon d'en sortir, c'est de changer ? »

J'ai inspiré profondément. Il avait raison. Je sais

qu'il avait raison. Sauf que... ça allait être super dur.

En même temps, Michael l'avait dit, qu'on devait grandir, lui et moi.

« Et d'ailleurs, a repris le Dr de Bloch, qu'est-ce qui peut vous arriver ? Vous avez un garde du corps. Et ce n'est pas comme si vous n'aviez pas d'autres amis à part Lilly. Votre mère a mentionné une certaine Tina. »

J'avais complètement oublié Tina. C'est curieux comme ce genre d'oubli peut survenir quand on est au fond d'un trou. On oublie des gens qui feraient n'importe quoi – et j'ai bien dit n'importe quoi – pour vous aider.

« Oui, ai-je répondu en entrevoyant pour la première fois depuis longtemps une petite lueur d'espoir. Il y a Tina.

— Eh bien, voilà ! a fait le Dr de Bloch. Et vous savez quoi ? Vous allez peut-être y trouver du plaisir ! »

O.K. Maintenant je suis sûre qu'il porte vraiment bien son nom : le Dr de Bloch... débloque.

Et étant donné que c'est moi qui n'ai pas quitté mon pyjama Hello Kitty depuis presque une semaine, ça en dit long sur son état.

Jeudi 16 septembre, 6 heures du soir, à la maison ✦✦✦

Une fois sorti du cabinet du Dr de Bloch, mon père m'a demandé ce que je pensais de lui.

« Si tu ne l'apprécies pas, Mia, nous pouvons trouver quelqu'un d'autre. Mais sache que tout le monde, y compris la principale de ton école, est d'accord pour dire que c'est le meilleur thérapeute pour les adolescents dans toute la ville, et...

— TU AS PARLÉ À LA PRINCIPALE ? » ai-je pratiquement hurlé.

J'ai eu l'impression que mon père n'appréciait pas trop que je me mette à hurler.

« Mia, a-t-il dit, ça fait quatre jours que tu n'es pas allée en cours. Est-ce que tu penses que personne n'allait le remarquer ?

— Vous auriez pu dire que j'avais une bronchite ! ai-je rétorqué. Et pas que je faisais une dépression !

— Nous n'avons dit à personne que tu faisais une dépression, a corrigé mon père. Mais la principale a appelé pour savoir pourquoi tu étais absente depuis si longtemps...

— Super ! me suis-je exclamée en m'effondrant

sur la banquette de la limousine. Maintenant, tout le bahut va être au courant.

— Pas si tu ne le dis pas, a fait observer mon père. Mrs. Gupta n'en fera rien, de cela tu peux en être sûre. Elle est trop professionnelle pour ça, tu le sais bien, Mia. »

Même si ça me faisait mal de le reconnaître, je savais que mon père avait raison : on peut reprocher plein de choses à la principale, comme sa façon despotique de diriger son établissement, mais jamais elle ne trahirait les secrets d'un élève.

En plus, plus de la moitié des jeunes qui fréquentent Albert-Einstein doivent être en thérapie. Mais ce n'est pas une raison pour que Michael l'apprenne. Vous imaginez un peu comme ce serait humiliant pour moi s'il découvrait que je suis tellement bouleversée par notre rupture qu'il faut que j'aille voir un psy ?

« Qui d'autre est au courant ? ai-je demandé à mon père.

— Personne, à part ta mère, ton beau-père et Lars, a répondu mon père.

— Ne vous inquiétez pas, princesse. Je ne dirai rien, a déclaré Lars en levant les yeux de son Palm.

— Nous sommes les seuls à savoir, a insisté mon père.

— Et Grand-Mère ? ai-je dit.

— Elle n'est pas au courant, a répondu mon père. Comme d'habitude, elle ignore tout ce qui ne la concerne pas directement.

— Mais elle va vite comprendre, ai-je dit. Quand elle verra que je ne viens plus le soir, après les cours, pour apprendre à devenir une princesse.

— Laisse-moi m'occuper de ma mère », a déclaré mon père, avec un regard d'acier, comme Daniel Craig dans *Casino Royale*. Enfin, si James Bond était chauve. « Toi, occupe-toi d'aller mieux. »

C'était facile pour lui de dire ça ! Ça se voit qu'il n'allait pas devoir faire le discours d'ouverture du prochain gala de l'Opus Dei des femmes d'affaires !

Bref, à mon retour à la maison, je me suis aperçue que ma mère avait profité de mon absence pour ranger ma chambre et envoyer mes draps au pressing. Elle avait également ouvert toutes les fenêtres et mis en marche le ventilateur pour aérer la pièce, sauf que, comme le bouton était sur la puissance maximum, Fat Louie était allé se réfugier sous mon lit de peur d'être emporté par la tempête.

Mr. G., lui, avait tout bonnement retiré mon poste de télé sous prétexte que le Dr de Bloch estimait que les enfants ne devaient pas avoir la télé dans leur chambre !

Pas besoin de me demander de quoi j'allais parler au Dr de Bloch la prochaine fois que je le verrais ! Mais bon. J'imagine que j'ai d'autres chats à fouetter. Par exemple, le fait que ma mère s'est glissée dans ma chambre pendant que je prenais ma douche, et a pris mon pyjama Hello Kitty pour le jeter à la poubelle.

« Crois-moi, Mia, a-t-elle dit quand je lui ai demandé pourquoi elle avait fait ça. C'est mieux ainsi. »

Après tout, elle a peut-être raison. C'est vrai que je commençais à m'y attacher un peu trop.

En même temps, il me manque. On a vécu plein de trucs ensemble, mon pyjama Hello Kitty et moi.

Maman, papa et Mr. G. sont dans la cuisine en ce moment. Ils sont en train de parler de moi à voix basse. Enfin, pas si basse que ça, parce que j'entends tout ce qu'ils disent. Hé ho, je suis peut-être déprimée, mais je ne suis pas SOURDE.

Bref, histoire de me changer les idées, je me suis connectée pour la première fois depuis une éternité, et j'ai vu que j'avais reçu 243 messages.

Bon d'accord, la plupart étaient des spams. Mais il y en avait plein qui venaient de Tina, de Ling Su aussi, et de Shameeka. Boris m'a même écrit. Deux fois. (Comme Tina a de la chance ! Boris fait tout ce qu'elle lui dit de faire.) J.P., lui, m'avait transféré des vidéos rigolotes, histoire de me faire rire sans doute. Non qu'il sache que je ne vais pas bien. Il a intérêt à ne pas savoir.

Quoi qu'il en soit, alors que je nettoyais ma boîte de réception, je l'ai vu.

Le message de Michael.

Je vous jure que mon cœur s'est mis à battre comme jamais et que mes mains sont devenues super moites. J'ai hésité à l'ouvrir tellement j'avais peur que ce ne soit que la réitération de ce que Michael m'avait déjà dit, dimanche dernier. Comme quoi il valait mieux qu'on redevienne amis et qu'on sorte avec d'autres gens. Je n'avais pas envie d'entendre ça à nouveau. Je n'avais pas envie de le lire. Je n'avais même pas envie d'y *penser.* J'avais fait tout ce que je pouvais pendant une semaine entière pour ne PAS avoir à revivre cette conversation... et maintenant il suffisait d'un clic pour que les mots apparaissent sous mes yeux ?

Non merci.

Sauf que, au moment où je m'apprêtais à appuyer sur « effacer », je me suis retenue. Et si ce n'était pas ça du tout ? Et si – d'accord, c'était un énorme *si,* mais bon, on ne sait jamais –, bref, et si Michael me disait dans ce mail qu'il s'était trompé et qu'il voulait qu'on se remette ensemble ?

Et si, comme moi, il était super déprimé depuis son départ ? Et si, après une semaine loin de moi, il se rendait compte que je lui manquais trop ? Bref, avant que je ne puisse changer d'avis, j'ai cliqué sur « ouvrir »...

SkinnerBx : Salut Mia ! C'est moi. Je t'envoie juste un petit mot pour savoir comment tu vas. Lilly m'a dit que ça faisait une semaine que tu n'étais pas allée en cours... Rien de grave, dis ? Sinon, ça y est, je suis installé à Tsukuba. C'est dingue comme endroit – les gens mangent vraiment des nouilles au petit déjeuner ! Mais heureusement, on trouve des sandwichs à l'œuf un peu partout. Le travail est exactement comme je l'imaginais – dur –, mais je suis de plus en plus persuadé que mon projet va marcher. En même temps, je ne sais pas si je serai aussi optimiste dans quelques semaines. Est-ce que tu as vu qu'ils envisageaient de tourner un film qui serait un mix entre Buffy contre les vampires et Angel ? J'ai pensé que ça t'intéresserait de le savoir. Bon, il faut que j'y aille. J'espère que ton absence au lycée est due à tes obligations de princesse et non pas parce que tu aurais attrapé quelque chose. Michael.

Je suis restée assise un long moment, le doigt sur la souris. O.K., Michael se faisait du souci pour ma santé (physique, pas mentale, mais bon, c'est déjà ça. Parce que, très franchement, je ne pense pas qu'il aurait pu soupçonner que j'allais toucher le fond et finir dans le cabinet d'un cow-boy psycho-logue, dans mon pyjama Hello Kitty et avec ma couette sur le dos).

Mais ça doit bien signifier quelque chose, non ? Que tout n'est pas perdu ? Qu'il m'aime peut-être encore, du moins un peu ? Qu'il y a peut-être une chance pour qu'un jour, j'aie de nouveau l'occasion de sentir l'odeur de son cou... disons, régulière-ment ?

En même temps, je ne sais pas. J'ai réfléchi à ce qu'il m'avait dit au téléphone. Au fait qu'il voulait qu'on redevienne amis. Et je me suis rendu compte que c'était exactement ça qu'exprimait son mail : on était redevenus des amis et il m'envoyait un pe-tit mot *amical* pour me montrer qu'il ne m'en vou-lait pas à cause de cette photo où l'on me voyait avec J.P.

COMMENT POUVAIT-IL NE PAS M'EN VOULOIR ????? EST-CE QUE JE NE COMP-TAIS PAS UN PEU POUR LUI ?????????

À moins que, dans mon épisode psychotique de la semaine dernière à propos de Judith Gershner, je n'aie détruit tous ses sentiments amoureux à mon égard ?

C'est à ce moment-là que j'ai déplacé le cur-seur de ma souris de la case « répondre » à celle d'« effacer ». Et j'ai cliqué.

Le mail de Michael a disparu.

Michael a peut-être tourné la page. Pas moi. Du moins, pour l'instant.

Je ne peux même pas faire semblant.

Mais je n'allais pas non plus me ridiculiser en cliquant sur « répondre » et lui demander de me reprendre.

Et la seule façon que j'avais de ne pas le faire, c'était de ne pas lui répondre, justement.

Bref, après avoir effacé le message de Michael, je suis allée sur www.jehaismiathermopolis.com. Heureusement, je n'ai rien lu de nouveau me concernant.

Cela dit, je ne vois pas comment il pourrait y avoir quoi que ce soit de nouveau vu que je ne suis pas sortie de toute la semaine. Celui ou celle qui est à l'origine de ce site n'a rien eu à se mettre sous la dent.

Ma mère m'appelle. Elle a commandé une pizza, et on va dîner tous ensemble, comme n'importe quelle famille américaine.

N'importe quelle famille, c'est-à-dire moi, ma mère, son mari, leur fils et mon père, le prince de Genovia.

Eh oui, on forme une famille normale.

Et vous vous étonnez encore que je sois en thérapie ?

Vendredi 17 septembre, en français ✨

C'est tellement… surréaliste, d'être ici.

À mon avis, le Dr de Bloch se trompe : j'ai besoin de médicaments. Je ne vois pas comment je vais m'en sortir autrement. Je sais, il faut que je fasse une chose par jour qui me terrifie – merci, Eleanor Roosevelt, merci beaucoup –, mais là, c'est pas une chose, c'est DES MILLIERS de choses. Et toutes à la fois.

O.K. Il n'y a aucune raison pour que je sois terrifiée à l'idée d'aller au LYCÉE. Ça ne m'a jamais terrifiée jusqu'à présent. Du moins, pas autant. Mais c'est parce que ça signifie tellement PLUS que le simple fait d'y aller. Par exemple, il faut PARLER. Avoir un comportement NORMAL. Et je ne suis PAS normale.

Bon d'accord, je l'ai été. Mais je n'ai jamais été aussi peu normale que maintenant. En plus, j'ai perdu mon système de défense – la SEULE chose sur laquelle je me reposais depuis deux ans pour rester saine d'esprit dans un monde complètement fou –, à savoir Michael.

Et maintenant, il n'est plus là – il a disparu d'un seul coup de ma vie –, et je suis censée faire comme si de rien n'était ? Ben voyons.

Quand je pense qu'il faut que je sois ici, dans cette

maison de fous – n'ayons pas peur des mots –, avec tous ces gens qui sont BIEN PLUS FOUS QUE MOI (sauf qu'ils n'admettraient jamais que quelque chose ne tourne pas rond chez eux. Pas comme moi), et que je n'ai plus personne à qui dire, le soir : « Tu ne vas pas me croire. Mais machin a fait un de ces trucs, aujourd'hui ! »

Vous savez quoi ? C'est trop cruel.

En même temps, je n'ai que ce que je mérite. C'est vrai, quoi. Si j'en suis là, c'est bien à cause de moi, et de ma bêtise.

Heureusement, je n'ai pas eu à supporter le supplice d'une journée entière au lycée. J'ai passé la matinée chez le Dr Fung à attendre qu'il me prescrive une prise de sang. Et comme je devais être à jeun depuis minuit la veille pour que mon sang ne soit pas pollué, je n'ai même pas eu le droit de prendre mon petit déjeuner. Résultat, en plus de devoir abandonner mon lit, me doucher et m'habiller, j'étais AFFAMÉE.

Mais le pire, c'est que, même le ventre vide, je n'ai pas pu fermer le bouton de ma jupe. Je ne comprends pas pourquoi, elle me serrait d'un seul coup. Attention, j'ai pu remonter la fermeture Éclair, mais il y avait toute cette CHAIR qui gênait. Du coup, j'ai dû mettre une épingle de sûreté pour la faire tenir.

Au début, j'ai pensé qu'elle avait rétréci au lavage et j'étais assez en rogne contre le pressing.

Mais il m'est arrivé la même chose avec mon soutien-gorge ! Est-ce que c'est parce que je n'avais pas porté de sous-vêtements pendant tout ce temps où je suis restée en pyjama ? Je ne sais pas. J'ai l'impression que tous mes habits ont rétréci. Il n'y a que mon jean stretch que je peux porter. Et encore, il me laisse des marques sur le ventre.

Autre chose. Pour la première fois de ma vie, mon soutien-gorge laissait voir la naissance de mes seins, parce qu'il les comprimait un peu trop !

J'ai immédiatement pensé que c'était une fois de plus à cause du pressing, qui avait dû le laver à une température trop élevée. J'en ai alors essayé un autre. Pareil. Et un autre encore. Même chose.

Incroyable.

J'ai de la poitrine !

Sauf que, quand on m'a ENFIN appelée au laboratoire d'analyses et que je suis montée sur la balance, j'ai compris ce qui m'arrivait.

Je pèse le poids de SIX Fat Louie !

C'est-à-dire que je fais un Fat Louie de plus que la dernière fois que je suis montée sur une balance ! Bon d'accord, c'était il y a longtemps, mais quand même !

C'est peut-être à cause de toute cette viande que

j'ai mangée la semaine dernière. Et à cause des pizzas, des cookies, du beurre de cacahuètes, des nouilles froides au sésame, des barres de chocolat, du pop-corn (avec du beurre fondu), des pots de glace Häagen-Dazs, et des samosas de chez Baluchi's...

Mais avoir pris le poids d'un CHAT ?

Ouah. C'est tout ce que j'ai à dire. Juste... ouah.

Le Dr Fung, lui, m'a évidemment donné une explication rationnelle. Il m'a dit :

« Votre indice de masse corporelle est tout à fait satisfaisant, princesse. Par ailleurs, c'est normal à votre âge d'avoir ces sortes de poussées de croissance. Chez certaines femmes, cela arrive vers la vingtaine. »

Parce que je n'ai pas fait que grossir. J'ai grandi aussi. Je mesure un mètre soixante-quinze maintenant, ce qui signifie que j'ai pris presque TROIS centimètres depuis ma dernière visite chez le médecin !

Si je continue comme ça, je ferai un mètre quatre-vingts quand j'aurai dix-huit ans.

En même temps, ce qui est plutôt positif dans le fait d'avoir pris un Fat Louie, c'est que je ne suis plus plate comme une limande !

Ce qui l'est moins, c'est que je vais devoir demander à ma mère si je peux m'acheter de nouveaux soutiens-gorge. Et de nouveaux sous-vêtements. Et un nouveau jean. Et un nouveau pyjama. Et de nouveaux pulls. Et un nouvel uniforme pour le lycée.

Et une nouvelle robe de soirée.

Enfin. Passons.

Comme si je n'avais pas d'autres soucis en ce moment (ha) que la taille de ma poitrine (gargantuesque) et le fait que ma jupe tienne avec une épingle de sûreté et que mon jean soit trop court. Non, bien sûr ! Je dois juste aller au réfectoire dans une demi-heure. Et voir Lilly.

Qui emportera, à tous les coups, son plateau pour aller manger ailleurs quand ELLE me verra.

Heureusement, il y a Tina. En fait, si elle n'était pas là, je serais déjà allée voir Lars pour lui dire que je ne restais pas une minute de plus au milieu de ces barjos.

Finalement, le Dr de Bloch a bien eu raison de me parler de Tina hier, parce que chaque fois que je sens que je retombe dans le trou dont j'essaie de sortir, je pense à elle, et elle est un peu comme une racine à laquelle je m'accroche pour ne pas sombrer dans cet abysse de désespoir.

Je me demande ce que Tina dirait si elle savait qu'elle me fait penser à une racine ?

Bien sûr, j'ai des soucis bien plus importants que

savoir à côté de qui je vais m'asseoir pour déjeuner : je suis en thérapie et je ne veux pas que ça se sache ; dans une semaine exactement, je vais devoir prendre la parole devant deux mille des femmes d'affaires les plus influentes de New York ; l'amour de ma vie veut qu'on redevienne amis (et qu'on sorte avec d'autres personnes) et, comme il n'est plus là pour me soutenir, je suis seule, à la dérive, au milieu d'un océan d'adolescents ; parce que l'industrie alimentaire met tellement d'hormones dans ses produits, et que j'ai consommé quelques dizaines de sandwichs au jambon et mangé du poulet kung pao pendant une semaine, j'ai les seins qui ont poussé quasiment du jour au lendemain ; quelqu'un a créé le site www.jehaismiathermopolis.com ; à cause du réchauffement de la planète, les deux calottes glaciaires sont en train de fondre et les ours polaires vont tous se noyer.

Mais j'ai décidé de résoudre mes problèmes un par un, et d'y aller pas à pas. Comme Rocky quand il a commencé à apprendre à marcher. Oui, pas à pas.

Pour l'instant donc, il faut que je me rende au réfectoire. Je m'occuperai de la fonte des calottes glaciaires plus tard.

Encore quatre heures avant de sortir d'ici.

Super. J'ai une nouvelle source de tracas à ajouter à ma liste :

Apparemment tout le bahut pense que J.P. et moi, on sort ensemble.

Voilà ce qui arrive quand on a été absent pendant une semaine parce qu'on fait une dépression nerveuse et qu'on n'est pas là pour se défendre.

En même temps, j'imagine que c'est aussi ce qui arrive quand on voit partout une photo de vous à la sortie d'un théâtre bras dessus bras dessous avec un garçon. Sauf que J.P. me tenait pour que je ne tombe pas dans l'escalier vu que j'avais mis des talons aiguilles ! Sans compter qu'il y avait un tapis et pas de rambarde !

Brrrrrrrrrrrr.

Bon d'accord, quand on regarde cette photo, je comprends pourquoi l'Amérique profonde – et le reste du monde, sans doute – pense que J.P. et moi, on sort ensemble.

Mais MES AMIS ! Ils pourraient réfléchir, tout de même !

Apparemment, c'est trop leur demander. Et une ligne de démarcation a été tracée.

Lilly mange à présent à la table de Kenny Showalter.

Cela dit, leur goût pour la boxe thaï – et les boxeurs – a dû les rapprocher.

Yan et Ling Su s'assoient avec eux quoique Ling Su m'ait soufflé, pendant qu'on faisait la queue devant les entrées, qu'elle aurait préféré manger avec moi.

« Mais Lilly m'a nommée secrétaire », a-t-elle expliqué, l'air franchement consterné. Ce qui est mieux que trésorière, sans doute – étant donné ce qui s'est passé quand Ling Su était trésorière l'année dernière.

« C'est Kenny, le trésorier maintenant, a-t-elle continué. Bref, je suis obligée de m'asseoir à sa table pour qu'avec Yan, qui est vice-présidente, on puisse discuter des nouvelles idées de Lilly, comme louer le toit du lycée à des antennes relais de téléphonie mobile en échange d'ordinateurs portables pour chaque élève d'Albert-Einstein, et comment on va faire pour qu'un maximum d'élèves se retrouvent dans une grande université. Tu vois ce que je veux dire ?

— Oui. Mais ne t'inquiète pas, Ling Su, ai-je répondu tout en saupoudrant mon toast au bœuf piquant de cheddar. Je comprends. Franchement.

— Super. Au fait, juste entre nous, a-t-elle ajouté, je trouve que J.P. et toi, vous faites un couple formidable. Il est tellement sexy.

— On ne sort pas ensemble, ai-je rétorqué.

— Mais oui, bien sûr, vous ne sortez pas ensemble », a fait Ling Su, avec un clin d'œil amusé.

Je me suis demandé si elle ne pensait pas que j'avais exprès répondu ça pour être dans les petits papiers de Lilly ! Ce qui aurait été totalement stupide de ma part. De toute façon, ce n'est pas du tout pour ça que je l'ai dit ! Je l'ai dit parce que c'est vrai !

Mais Ling Su n'est pas la seule à penser que J.P. et moi, on est faits pour être ensemble. Quand je suis allée rapporter mon plateau, l'une des dames de la cantine m'a souri et a dit :

« Peut-être que tu pourrais l'obliger à manger le maïs. »

J'ai froncé les sourcils. De quoi me parlait-elle ? Quand j'ai enfin compris, je me suis mise à rougir comme une tomate. J.P. est connu pour détester le maïs ! Et elle pensait que je pouvais le lui faire aimer ! Mon Dieu !

Heureusement, J.P., lui, n'a pas l'air de se rendre compte de ce qui se passe. Ou, s'il s'en rend compte, il ne laisse rien voir. Il a paru *surpris* de me voir débarquer au réfectoire pour la première fois depuis une semaine, mais il n'en a pas fait tout un plat (ouf), comme Tina, par exemple, qui a hurlé en me voyant et m'a serrée dans ses bras tout en me disant que je lui avais terriblement manqué.

Ce qui était adorable, mais un peu gênant quand même, vu que ça ne faisait qu'attirer l'attention sur ma longue absence, et que j'en avais plus qu'assez de répéter : « Bronchite » quand on me demandait où j'étais passée la semaine dernière. Je ne pouvais tout de même pas répondre : « Dans mon lit, avec mon pyjama Hello Kitty, parce que mon petit copain m'a larguée. »

La seule chose que J.P. a faite qui ne lui ressemblait pas, c'est me sourire à un moment où je ne vois pas pourquoi il me souriait : Boris était en train d'expliquer qu'il détestait le emo, et en particulier le groupe My Chemical Romance, et moi, je mordais dans mon toast (je n'en reviens pas que, même déprimée comme je le suis, je mange autant. Cela dit, j'étais affamée. Après tout, je n'avais dans le ventre qu'une barre de céréales achetée *Chez Ho* en sortant de chez le médecin). Bref, comme J.P. me souriait – Ling Su a raison, il est vraiment super sexy –, j'ai fait : « Quoi ? », la bouche pleine de viande de bœuf mélangée à du piment, de la crème, du cheddar et de la laitue.

« Rien, a répondu J.P. en continuant de me sourire. Je suis juste content que tu sois revenue. Ne reste pas absente aussi longtemps la prochaine fois, promis ? »

C'était super sympa de sa part de dire ça. Surtout qu'il DOIT bien le savoir, que tout le monde raconte qu'on est ensemble.

Ce qui explique sans doute pourquoi Lilly n'a pas bougé de sa place depuis qu'on est entrés dans la salle d'étude dirigée. Elle refuse de me regarder – et de me parler, évidemment. À croire que je n'existe plus pour elle. Je suis à ses yeux la Hester Prynne de *La Lettre écarlate*.

Je parle du livre, pas du film où Demi Moore joue le rôle de Hester Prynne et fait exploser des tas de trucs. Ah bon ? Je confonds avec *À armes égales* ? Peut-être.

Comme j'aimerais aller voir Lilly et lui dire : « Écoute, je suis DÉSOLÉE. Je suis désolée d'avoir été si désagréable avec ton frère et je suis désolée si j'ai fait quelque chose qui t'a blessée. Mais tu ne crois pas que je suis suffisamment punie comme ça ? Je n'arrive presque plus à RESPIRER, parce que je ne vois pas L'INTÉRÊT de respirer si, à la fin de la journée, je ne peux pas sentir l'odeur du cou de ton frère. Je n'arrête pas de me dire que je n'entendrai plus jamais son rire sarcastique quand on regardait *South Park* ensemble. Est-ce que tu te rends compte que j'ai dû faire un effort ÉNORME juste pour venir aujourd'hui ? Tu sais quoi ? Je suis en THÉRAPIE ? Et tu sais quoi encore ? Je préférerais être MORTE. Tu ne penses pas alors que tu pourrais être un peu sympa avec moi et ne plus me battre froid ? Notre amitié est super importante pour moi et elle me manque. Sinon, est-ce que tu es sûre que sortir avec un garçon qui fait de la boxe thaï, ce soit la meilleure chose à faire pour oublier ton chagrin d'amour ? Tu te prends pour Lana Weinberger ou quoi ? »

Sauf que je ne peux pas. Parce que je ne pourrais pas supporter ce regard vide qu'elle m'adresse chaque fois qu'elle me croise.

Et parce que je sais exactement ce qu'elle me répondra.

Vendredi 17 septembre, en sport

Je suis là, debout, à trembler comme une feuille, sur l'un des terrains de base-ball de Central Park. Je crois que je joue en défense, mais je n'en suis pas sûre, parce que tout le monde me crie : *Attrape la balle ! Attrape la balle !*

Ben voyons. Attrape-la, toi ! Tu ne vois pas que je suis en train d'écrire mon journal ?

J'aurais dû demander au Dr Fung de me dispenser de sport. MAIS À QUOI JE PENSAIS ?

Parce qu'il n'y a pas que cette histoire d'*attraper la balle*. Il a fallu aussi que je me DÉSHABILLE devant tout le monde. Ce qui signifie que j'ai dû retirer mon pull et qu'on a vu l'ÉPINGLE DE SÛRETÉ qui tenait ma jupe.

Du coup, j'ai fait : « Trop drôle, j'ai perdu un bouton. »

Sauf que mon explication était ridicule parce que quand j'ai enfilé mon short, il me serrait tellement qu'il moulait toutes mes formes – et je dis bien *toutes* mes formes. Et histoire de couronner le tout, LANA WEINBERGER se trouvait dans les vestiaires quand je me suis changée.

Qu'est-ce qu'elle faisait là, d'abord ? Elle n'a pas sport avec nous. Mais j'imagine qu'elle n'aimait pas la façon dont ses cheveux rebiquaient vu qu'elle refaisait son brushing. Eva Braun, c'est-à-dire Trisha Hayes, se tenait à côté d'elle, et se limait les ongles.

J'ai eu beau baisser la tête dès que je les ai vues en espérant qu'elles ne remarqueraient pas ma présence... Trop tard. En apercevant mon reflet dans le miroir devant lequel elle se recoiffait, Lana a éteint son sèche-cheveux et a dit :

« Ah, tu es là ? Ben où tu étais passée la semaine dernière ? »

COMME SI JE LUI AVAIS MANQUÉ !

C'est pour ÇA que je ne voulais pas revenir au bahut. J'ai déjà suffisamment de soucis, ce n'est pas la peine de m'en rajouter un autre qui s'appelle Lana Weinberger !

Bref, j'ai répondu : « J'ai eu une bronchite.

— Oh, a fait Lana. Tu sais, pour la lettre que ma mère t'a envoyée... »

J'ai fermé les yeux. Oui, J'AI FERMÉ LES YEUX parce que je savais ce qui allait suivre – ou du moins, je croyais le savoir –, et je ne me sentais pas émotionnellement capable de l'entendre.

« Oui, ai-je murmuré tout en pensant : *O.K., vas-y, lâche-toi. Sors toutes les pires horreurs que tu veux, mais fais-le tout de suite pour que je puisse m'en aller d'ici. Dépêche-toi, je ne suis pas sûre de pouvoir attendre long-temps.*

— C'est super sympa d'avoir dit oui, a déclaré Lana à ma grande surprise. Angelina Jolie devait le faire, mais elle a annulé au dernier moment pour jouer le rôle de Mère Teresa. Maman était dans tous ses états à l'idée de ne pas lui trouver de rem-plaçante. Du coup, je lui ai suggéré de t'en parler. Comme ton discours, l'an dernier, quand on s'est présentées toutes les deux pour les élections à la présidence du comité des délégués de classe, était bon, j'ai pensé que tu pouvais tout à fait parler à la place d'Angelina. Merci. »

Vous savez quoi ? À ce moment-là, j'ai vraiment pensé que l'enfer avait gelé.

Parce que Lana Weinberger m'avait dit quelque chose de gentil.

Mais ce n'est pas à cause de cette réflexion de sa part, bien sûr, que j'ai regretté de ne pas avoir été dispensée de sport.

C'est à cause de ce qui s'est passé après.

J'étais tellement sous le choc que Lana Weinberger se soit comportée comme un être humain normal que je suis restée bouche bée, plantée devant elle, sans bouger. Ce qui a permis à Trisha Hayes de remarquer l'épingle de sûreté qui maintenait ma jupe.

Et elle a bien trop de jugeote pour ne pas croire à mon histoire de bouton perdu.

« Hé, dis donc, a fait Trisha, tu as besoin d'une nouvelle jupe, toi ! »

Puis elle a levé les yeux vers ma poitrine et a ajouté :

« Et d'un nouveau soutien-gorge ! »

J'ai senti que je piquais un fard. Finalement, c'est très bien que j'aie rendez-vous chez un psy après les cours. Parce que j'ai un paquet de choses à raconter.

« Oui, je sais, ai-je répondu. Il faut que je fasse un peu de shopping. »

Et c'est à ce moment-là que quelque chose d'encore plus surprenant s'est produit : Lana s'est retournée vers le miroir et, tout en se passant les doigts dans les cheveux, elle a dit :

« On va à une braderie chez *Bendel* demain. Il n'y aura que de la lingerie. Tu veux venir ?

— Hé, tu es complètement... » *folle*, s'apprêtait à hurler Trisha.

Mais j'ai vu que Lana lui faisait signe de se taire et, tout comme l'amiral Piett quand il se rend compte qu'il a laissé échapper le *Faucon Millenium* pile devant Dark Vador, Trisha a fermé la bouche... l'air assez effrayé, je dois dire.

Je suis restée là en me demandant si j'avais vraiment entendu ce que j'avais entendu ou si c'était un symptôme de la dépression. Et alors ? Je souffre peut-être d'un type de dépression qui fait que j'entends des invitations hallucinatoires à aller à une braderie de lingerie chez *Bendel* avec une pom-pom girl qui m'a toujours détestée jusqu'à présent. Pourquoi pas ?

Comme je ne répondais rien, Lana s'est de nouveau retournée vers moi. Et pour une fois, elle ne semblait pas méprisante. Non, elle semblait juste... normale.

« Écoute, a-t-elle repris, je sais que toi et moi, on ne s'est jamais vraiment appréciées. Il y a eu cette histoire avec Josh… et… Il faut reconnaître qu'il n'était pas très malin. Et il y a cette fille aussi avec qui tu traînais, cette Lilly…

— Arrête », ai-je déclaré en levant la main.

Et j'étais sérieuse. Je ne tenais absolument pas à ce qu'elle me dise ce qu'elle pensait de Lilly qui, je ne pouvais le nier, n'était pas particulièrement sympa avec moi en ce moment.

Mais peut-être que je le méritais, après tout.

« O.K., a fait Lana. J'ai vu que tu n'avais pas mangé avec elle aujourd'hui.

— On est un peu en froid, ai-je expliqué.

— O.K., a répété Lana. Mais comme ma mère te doit une fière chandelle et qu'un jour, tu feras peut-être partie du Domina Rei et, avec un peu de chance, moi aussi, je me dis qu'on peut peut-être oublier le passé. Après tout, on a grandi. Tu ne crois pas qu'il serait temps qu'on se comporte en adultes ? »

J'étais tellement sous le choc que j'ai hoché la tête.

Au lieu de faire remarquer à Lana que ce qui m'avait le plus blessée, ces dernières années, c'était plus sa méchanceté à l'égard de certaines de mes amies que le fait qu'on ne se soit pas appréciées.

Au lieu de lui rétorquer : « Sache, pour ta gouverne, que même si tu me payais, je refuserais de faire partie du Domina Rei. »

Bref, au lieu de lui dire tout ça, j'ai hoché la tête. Parce que je ne savais pas quoi faire d'autre ! Ce qui prouve à quel point j'étais déroutée.

Ou déprimée.

« Super ! a lancé Lana. On se retrouve demain matin à 10 heures devant chez *Bendel* ? On déjeunera après. Si tu veux, bien sûr. Allez, Trish. Il faut qu'on aille en cours. »

Et elles sont sorties toutes les deux...

... pile au moment où Mrs. Potts entrait et nous signifiait, d'un coup de sifflet strident, qu'on devait se mettre en rang et rejoindre le terrain de sport.

J'ai suivi le groupe sans même réfléchir à ce que je faisais. Ce qui en dit long sur mon état d'hébétude.

Une petite voix en moi disait : *C'est un piège. Ça ne peut être qu'un piège. Tu vas aller devant chez Bendel et au lieu de trouver Lana, c'est Carrot Top qui sera là, entouré de tous ces paparazzi qui s'empresseront de vous mitrailler tous les deux, et tu feras la une des journaux, sous le titre :* « Voici le nouveau prince consort de Genovia... Carrot Top ! »

Tandis qu'une autre voix, plus rationnelle – hé ho, même si je suis super déprimée, je reste quand même un peu rationnelle –, disait : *Bien sûr que*

Lana est sincère. La remarque qu'elle a faite sur Josh — si on y réfléchit bien, ce qui s'est passé entre Josh, Lana et toi, c'est un peu ce qui est en train de se passer entre J.P., Lilly et toi. Même si J.P. et toi, vous n'êtes qu'amis, Lilly pense QUAND MÊME que tu lui as piqué J.P., comme Lana pensait que tu lui avais piqué Josh. La seule différence, c'est que tu avais vraiment le béguin pour Josh. Pas étonnant que Lana t'en ait voulu. Et pas étonnant que LILLY t'en veuille. Franchement, Mia, tu crains !

Bref, ce n'est peut-être pas un piège après tout. Lana a peut-être vraiment envie de faire du shopping avec moi.

La question, c'est : est-ce que j'ai envie, moi, de faire du shopping avec elle ??????

Zut. Mrs. Potts vient vers moi. Elle n'a pas l'air d'apprécier que j'aie apporté mon journal sur le terrain de sport.

Mais c'est ma faute si personne ne m'envoie la balle ?

Vendredi 17 septembre, en chimie 🌟

Je n'y crois pas.

Ce cours est devenu n'importe quoi depuis la dernière fois que j'y ai assisté. Chaque groupe doit faire des expériences et Kenny et J.P. ont choisi pendant mon absence de faire ce qu'ils appellent

121

« la synthèse du nitrate d'amidon », qui est, je cite :
« un mélange des différents esters du nitrate d'amidon dont la formule est $[C_6H_7 (OH) \, x \, (ONO_2) \, y]n$ avec $x + y = 3$ et $n > 1$. »

Comme je ne comprenais rien, je me suis contentée de mettre mes lunettes de protection et ma blouse, et je leur ai proposé de leur tendre le matériel dont ils avaient besoin.

C'est-à-dire quand je sais de quoi il s'agit.

Je crois que je suis encore sous le choc de ce qui s'est passé avec Lana. Il va falloir que je trouve un moyen de me décommander. Je sais, j'ai besoin de nouveaux soutiens-gorge. Mais je ne peux quand même pas aller m'en acheter avec *Lana Weinberger* !

Même si elle s'est excusée. Elle reste... Lana Weinberger. Qu'est-ce qu'on a en commun ? Elle aime sortir, faire la fête. Et moi, j'aime traîner au lit dans mon pyjama Hello Kitty tout en regardant *Pourquoi je me suis mis du rouge à lèvres pour ma mastectomie*.

Mais au fait. Je ne peux pas aller chez *Bendel* demain. On est samedi, demain, donc je n'ai pas cours, donc je peux passer la journée au lit. YES !!!!!!

J'adore mon lit. Je m'y sens si bien. Personne ne peut m'embêter quand je suis sous ma couette.

Sauf que Mr. G. a emporté mon poste de télé.

Oh, tant pis ! Je peux toujours relire *Jane Eyre*.

En particulier le passage où Jane, après s'être séparée de Mr. Rochester à cause de Bertha, entend sa voix désincarnée qui flotte au-dessus de la lande… Peut-être que j'entendrai la voix désincarnée de Michael flotter au-dessus de l'Hudson, et je saurai qu'au fond il m'aime toujours et veut qu'on se remette ensemble, alors je prendrai un avion pour le Japon et…

Mia ! Qu'est-ce que tu fais, demain soir ? Si j'ai des places pour un spectacle, ça te dit de m'accompagner ? On peut aller voir ce que tu veux. J.P.

Oh, non. Qu'est-ce que je dois répondre ? J'ai envie de rester dans mon lit. D'y rester jusqu'à la fin de mes jours.

C'est adorable, J.P., mais j'ai peur que ma bronchite ne soit pas complètement passée. Je crois qu'il vaut mieux que je ne sorte pas. Mais merci pour l'invitation ! M.

Pas de problème ! Si tu veux, je peux passer. On regardera un film…

Ouah… J.P. a vraiment du mal à se remettre de

sa rupture avec Lilly. Même si, en fait, c'est lui qui a cassé. Le pauvre. C'est clair qu'il ne supporte pas de rester seul un samedi soir.

J'adorerais mais le problème, c'est que ma télé est en panne.

Bon d'accord, ce n'est pas tout à fait vrai, mais c'est la réponse la plus proche de la vérité que je pouvais donner à J.P.

Mia, est-ce que c'est à cause de cet article ? Et parce que tout le monde pense qu'on sort ensemble ? Des paparazzi font-ils le pied de grue devant chez toi ? Et tu ne veux pas qu'on te voie de nouveau avec moi, un simple roturier ?

Pitié...

NON ! Bien sûr que non ! Je suis juste crevée. Je n'ai pas eu une semaine facile.
O.K. J'ai compris. Il y a quelqu'un d'autre, c'est ça ? C'est Kenny ? Vous êtes fiancés ? Le mariage est pour quand ? Où avez-vous déposé votre liste ? Chez Sharper Image ? Ah, je sais,

vous avez demandé un fauteuil de relaxation massage de chez iJoy ?

Je n'ai pas pu m'empêcher de pouffer. Ce qui,
évidemment, a attiré l'attention de Mr. Hipskin,
qui nous a observés en disant :
« Vous avez un problème ?
— Non, a répondu Kenny en nous foudroyant
du regard. Est-ce que vous pouvez arrêter de vous
passer des mots et *m'aider*, s'il vous plaît, a-t-il ajouté tout bas.
— Bien sûr, a dit J.P. Qu'est-ce que tu veux qu'on
fasse ?
— Eh bien, dans un premier temps, tu pourrais
me passer l'amidon », a répliqué Kenny.

Je ne sais pas pourquoi, mais la réponse de Kenny
m'a poussée à lui poser quelques questions.

« Kenny, ai-je dit, pendant qu'il versait une poudre blanche dans un pot qui contenait une autre
poudre blanche. C'est quoi cette histoire qu'on
raconte sur Lilly et un de tes copains de la boxe
thaï ? Ils sont sortis ensemble samedi dernier à sa
fête ? »

Kenny a failli lâcher sa poudre blanche. Puis il
s'est tourné vers moi et m'a regardée d'un air franchement agacé.

« Mia, a-t-il fait, avec tout le respect que je te dois,

je suis au beau milieu d'une manipulation difficile qui nécessite toute mon attention car elle se fait avec des acides hautement corrosifs. Alors, si tu veux bien, je préférerais qu'on parle de Lilly à un autre moment. »

Oh, là, là ! Quel bébé.

Vendredi 17 septembre, dans la limousine, de retour de chez le Dr de Bloch ✶✶

Franchement, je ne sais pas ce qu'il y a de pire : les leçons de princesse ou les séances chez le psy. En fait, les deux sont horribles, mais chacune à sa façon.

Mais au moins, pour les leçons de princesse, je COMPRENDS à quoi ça me sert. Ça me sert à me préparer à régner un jour sur un pays. Tandis que la thérapie... je ne vois même PAS à quoi ça peut servir. Parce que si c'est pour que je me sente mieux, c'est RATÉ.

Et en plus, j'ai des DEVOIRS. Comme si je n'avais pas SUFFISAMMENT de cours à rattraper après une semaine d'absence. Eh bien, non. Il faut en plus que je fasse des devoirs pour mon PSYCHISME.

Je ne sais pas pourquoi mes parents paient le Dr de Bloch si c'est moi qui fais tout le travail.

Aujourd'hui, par exemple, le Dr de Bloch a commencé la séance en me demandant comment s'était passée ma journée au lycée. On était seuls tous les deux – mon père ne m'avait pas accompagnée parce que c'était une vraie séance, pas une consultation.

Bref, c'était exactement comme au rendez-vous précédent... le décor de cow-boy, les lunettes à monture d'argent, les cheveux blancs et tout ça. La seule différence, c'est que je portais mon uniforme d'école et non mon pyjama Hello Kitty. Que ma mère, ai-je tenu à lui préciser, avait mis à la poubelle. Le soir même où mon beau-père avait emporté ma télé.

Et vous savez ce que le Dr de Bloch a répondu à tout ça ?

Il a dit :

« C'est très bien. Et qu'est-ce qui s'est passé aujourd'hui au lycée ? »

Du coup, je lui ai RÉPÉTÉ que je ne voyais pas pourquoi je DEVAIS aller au lycée puisque j'ai DÉJÀ un boulot assuré, et que de toute façon je déteste l'école, et que je préférerais rester chez moi.

Comme le Dr de Bloch voulait savoir pourquoi

je détestais autant l'école, je lui ai parlé de Lana, histoire d'être plus claire.

Mais il n'a rien compris ! Il m'a dit :

« C'est formidable, non ? Une fille avec qui vous ne vous entendiez pas autrefois vous fait des avances amicales. Cela signifie qu'elle est prête à oublier vos différends. N'est-ce pas ce que vous aimeriez que votre amie Lilly fasse ?

— Oui, ai-je répondu, étonnée qu'il ne comprenne pas quelque chose d'aussi évident. Sauf que J'AIME Lilly et que Lana n'est rien pour moi.

— Mais Lilly a-t-elle été une amie pour vous récemment ? a-t-il demandé.

— Récemment, non, ai-je reconnu. Mais c'est parce qu'elle pense que je lui ai volé son petit copain... »

Ma voix s'est alors estompée tandis que je me rappelais que j'avais volé aussi le petit ami de Lana.

« O.K., ai-je dit. Je vois où vous voulez en venir. Mais... est-ce que vous croyez vraiment que je dois aller faire du shopping avec Lana Weinberger demain ?

— Et VOUS, qu'en pensez-vous ? » a-t-il demandé.

Je vous jure qu'il a dit ça. Et c'est pour entendre ce genre de réponse que mes parents le paient une fortune.

« Je n'en sais rien ! me suis-je écriée. C'est à vous que je pose la question !

— Mais vous êtes mieux placée que moi pour y répondre, a-t-il rétorqué.

— Comment pouvez-vous dire une chose pareille ? ai-je pratiquement hurlé. *Tout le monde* sait mieux que moi ce que je dois faire ! N'avez-vous vu aucun des films qui relatent ma vie ? Parce que si c'est le cas, vous êtes bien le seul !

— J'en ai commandé quelques-uns sur Internet, m'a confié le Dr de Bloch. Mais ils ne sont pas encore arrivés. Et n'oubliez pas, je ne vous ai rencontrée qu'hier. Par ailleurs, je suis plutôt amateur de westerns », a-t-il ajouté.

J'ai levé les yeux en direction de ses photos de mustang.

« Oui, j'ai cru comprendre, ai-je dit.

— Bref, quoi d'autre ? » a repris le Dr de Bloch.

J'ai sursauté.

« Que voulez-vous dire par : quoi d'autre ? me suis-je exclamée. Mis à part le fait que, excusez-moi de vous le rappeler, MON BEAU-PÈRE A EMPORTÉ MON POSTE DE TÉLÉ !!!!

— Savez-vous ce que tous les étudiants qui ont intégré West Point ont en commun ? » a demandé le Dr de Bloch.

Hé ho. C'est quoi cette question ?

« Non, ai-je fait. Mais vous allez me le dire, non ?

— Aucun d'eux n'avait la télévision dans sa chambre, a répondu le Dr de Bloch.

— MAIS JE NE VEUX PAS ALLER À WEST POINT ! » ai-je hurlé.

Le Dr de Bloch n'a apparemment pas jugé utile de commenter le fait que je hurle et a dit :

« Que détestez-vous d'autre dans votre lycée ?

— Eh bien, ai-je commencé, le fait que tout le monde pense que je sors avec un garçon avec qui je ne sors pas. Tout ça, à cause d'un article qui est passé dans le *New York Post*. Et le fait que le garçon que *j'aime* – et que j'aime d'amour – m'envoie un mail pour me demander de mes nouvelles, l'air de rien et comme s'il ne m'avait pas brisé le cœur et qu'on était juste *amis*. »

Le Dr de Bloch a froncé les sourcils.

« Mais n'étiez-vous pas d'accord avec Michael pour redevenir des amis ? a-t-il demandé.

— Oui, ai-je répondu, mais je ne pensais pas ce que je disais.

— Je vois, a-t-il fait. Et que lui avez-vous répondu ?

— Je ne lui ai pas répondu, ai-je marmonné, brusquement honteuse. J'ai effacé son mail.

— Pourquoi donc ? a demandé le Dr de Bloch.

— Je ne sais pas, ai-je dit. Je… J'avais peur de me retrouver à le supplier pour qu'on se remette ensemble. Et je ne veux pas être ce genre de fille.

— C'est une raison valable pour effacer son mail », a déclaré le Dr de Bloch.

Curieusement, même si elle venait d'un PSY COW-BOY, sa réponse m'a plu. Le Dr de Bloch n'était pas si nul que ça, après tout.

« Bien. Maintenant, pourquoi ne voulez-vous pas faire de shopping avec votre amie ? » a-t-il ensuite demandé.

J'ai relevé la tête. Non, en fait, il était nul. IL POURRAIT AU MOINS ÉCOUTER CE QUE JE LUI DIS, NON ??????

« Je viens de vous expliquer qu'elle n'était pas mon amie, lui ai-je rappelé. C'est même ma pire ennemie. Si vous aviez vu ces films sur…

— Je les visionnerai ce week-end, m'a-t-il interrompue.

— O.K. Ce qui se passe, c'est que… sa mère m'a demandé de présenter sa soirée de gala, ai-je dit. Et Grand-Mère dit que c'est un grand honneur. Elle est super excitée à cette idée. Et j'ai découvert que c'était Lana qui m'avait recommandée auprès de sa mère. Ce que j'ai trouvé… plutôt sympa de sa part.

— Et c'est pour cela que vous n'avez pas décliné

son invitation à aller faire du shopping avec elle ? a fait observer le Dr de Bloch.

— Eh bien, oui…, ai-je répondu. Et parce que j'ai besoin aussi de nouveaux vêtements. Lana s'y connaît en shopping. Et vu que je suis censée faire une chose par jour qui me terrifie, passer la journée avec elle dans les boutiques me paraît plus que terrifiant.

— Je crois que vous avez là votre réponse, a fait observer le Dr de Bloch.

— Sauf que j'aurais préféré rester au lit, me suis-je empressée de préciser. À lire. OU À REGARDER LA TÉLÉ.

— Au ranch, nous avons une jument qui s'appelle Dusty », a déclaré le Dr de Bloch de sa voix traînante.

Je l'ai regardé, bouche bée. Dusty ? Après tout ce que je venais de lui raconter, il me parlait d'une jument qui s'appelait *Dusty* ? À quelle école psychanalytique appartenait-il ?

« Dès qu'il fait chaud, l'été, et que Dusty passe à côté d'une mare qui se trouve sur ma propriété, elle va y barboter, a continué le Dr de Bloch. Peu lui importe d'être sellée ou même d'être montée. Elle s'en fiche. Il faut qu'elle s'allonge dans l'eau. Vous voulez savoir pourquoi ? »

Je n'en revenais tellement pas qu'un psychologue

diplômé me raconte une histoire de CHEVAL pendant une séance que j'ai acquiescé d'un air abasourdi.

« Parce qu'elle a chaud, a répondu le Dr de Bloch. Et elle veut se rafraîchir. Elle préfère passer la journée dans cette mare que de transporter quelqu'un sur son dos. Mais on ne fait pas toujours ce qu'on veut. Car ce n'est pas nécessairement bon pour la santé ou pratique. Et puis, les selles sont fichues une fois qu'elles sont trempées. »

Je l'ai dévisagé.

Et ce type était censé être le plus célèbre spécialiste de la psychologie de l'enfant et de l'adolescent ?

« Je voudrais revenir à ce que vous avez dit hier, a-t-il repris sans attendre, heureusement, que je commente son histoire de jument. Vous avez dit, je cite : *Je reconnais que c'est peut-être un peu plus compliqué qu'une rupture normale entre deux adolescents, parce que je suis une princesse et que Michael est un génie et il pense qu'il doit construire un bras-robot grâce auquel les chirurgiens pourront opérer sans ouvrir le thorax pour prouver à ma famille qu'il est digne de moi quand, en vérité, c'est moi qui ne suis pas digne de lui parce que, dans mon for intérieur, je sais que j'ai complètement gâché notre relation.* »

Il a levé les yeux de ses notes et a demandé :

« Que vouliez-vous dire par là ?

— Eh bien... », ai-je commencé en clignant des yeux.

Ça allait beaucoup trop vite ! Moi, j'en étais encore à me demander quel lien il y avait entre Dusty et le fait que j'aille m'acheter de nouveaux sous-vêtements demain avec Lana Weinberger !

« ... disons que je savais qu'il allait me quitter un jour ou l'autre pour une fille plus intelligente que moi, ai-je fini par dire. Du coup, j'ai décidé de lui couper l'herbe sous le pied en le quittant la première. Même si je l'ai regretté après. Cette histoire avec Judith Gershner m'a... Si elle m'a autant bouleversée, c'est parce que je sais au fond de moi que c'est avec une fille comme elle qu'il devrait être. Une fille qui sait cloner des drosophiles et pas une fille comme moi qui suis... qui suis juste princesse. »

Et avant que j'aie le temps de me ressaisir, j'éclatai en sanglots. Incroyable ! Qu'est-ce qu'il y avait, dans le bureau de cet homme, qui me faisait pleurer comme une madeleine ?

Le Dr de Bloch m'a tendu sa boîte de Kleenex. Assez gentiment, je dois dire.

« Est-ce qu'il avait déjà dit ou fait quelque chose qui vous pousse à penser cela ? a-t-il demandé.

— N-n-non, ai-je répondu en hoquetant.

— Pourquoi alors pensez-vous cela ?

— P-parce que c'est vrai ! me suis-je écriée. Ce n'est pas un exploit d'être une princesse ! Je suis juste NÉE comme ça ! Je n'ai pas GAGNÉ ce titre, comme Michael gagnera celui de premier inventeur du bras-robot ! NAÎTRE est à la portée de tout le monde !

— Je vous trouve un peu dure avec vous-même, a fait observer le Dr de Bloch. Vous n'avez que seize ans. Peu de jeunes de seize ans ont...

— JUDITH GERSHNER AVAIT DÉJÀ CLONÉ DES DROSOPHILES À SEIZE ANS ! » ai-je hurlé.

J'ai eu honte de moi, à ce moment-là. Honte d'avoir hurlé. Mais je n'ai pas pu me retenir.

« Et prenez Lilly, ai-je poursuivi. Elle a seize ans et déjà sa propre émission de télé. Bon d'accord, sur une chaîne câblée, mais quand même. En plus, des chaînes publiques ont mis une option dessus. Et elle a des milliers de téléspectateurs fidèles. Et elle l'a fait toute seule. Personne ne l'aide. Enfin, à l'exception de Shameeka, de Ling Su, de Tina et de moi. Mais on l'aide juste à la caméra. Alors quand vous me dites que je n'ai que seize ans, c'est n'importe quoi. Il y a plein de jeunes de seize ans qui ont déjà fait bien plus de choses que moi. Même ma nouvelle n'a pas été retenue par le comité de lecture du magazine *Sixteen*.

— En admettant que vous ayez raison, a déclaré le Dr de Bloch, c'est-à-dire que vous n'êtes pas digne de Michael, ne pensez-vous pas que vous pourriez faire quelque chose pour y remédier ? »

Je vous jure qu'il a dit ça. Il n'a pas dit : *Oh ! Mia, comment pouvez-vous penser que vous n'êtes pas digne de Michael ? Bien sûr que vous êtes digne de lui ! Vous êtes une fille formidable, généreuse et pleine de vie.*

Ce qui est, en gros, ce que les autres me disent chaque fois que je ramène le sujet sur le tapis.

Non, le Dr de Bloch, lui, disait : *Eh oui, c'est vrai. Vous craignez, comme fille. Qu'est-ce que vous allez faire pour que ça change ?*

J'étais tellement sidérée que j'ai arrêté de pleurer et que je l'ai à nouveau dévisagé, bouche bée.

« N'êtes-vous pas censé me... me dire que je suis bien telle que je suis ? » ai-je demandé.

Il a haussé les épaules et a fait :

« À quoi ça servirait ? Par ailleurs, vous ne le croiriez pas.

— Me dire alors que je dois changer pour *moi* ? Et non pas pour un *garçon* ? ai-je insisté.

— Je pensais que c'était évident, a rétorqué le Dr de Bloch.

— O.K., ai-je dit, pas tout à fait remise de mon choc. C'est vrai. Il faut que je fasse quelque chose pour me prouver que je suis plus qu'une princesse. Mais quoi ? Qu'est-ce que je peux faire ? »

Il a de nouveau haussé les épaules et a répondu :

« Comment pourrais-je le savoir ? Je dois d'abord regarder ces films qui relatent votre vie afin de vous connaître puisque vous semblez penser que cela m'est impossible autrement. Mais permettez-moi de vous dire une chose que je sais : vous ne trouverez pas ce que vous devez faire pour changer en restant dans votre lit et en refusant d'aller à l'école... ou en continuant à en vouloir aux autres sous prétexte qu'ils vous ont dit des choses désagréables dans le passé. »

Des choses désagréables ? Ça se voit qu'il n'est pas allé sur www.jehaismiathermopolis.com.

Bon d'accord, je ne lui avais pas donné l'adresse du site. Ni précisé que c'est Lana, à tous les coups, qui était derrière tout ça.

Mais quand même. Il ne sait pas ce que ça veut dire « des choses désagréables ».

Bref.

Devoirs :

1. Aller faire du shopping avec Lana.

2. Trouver pourquoi je suis sur cette planète (à part pour être princesse).
3. Retourner voir le Dr de Bloch vendredi prochain après les cours.

Vendredi 17 septembre, 7 heures du soir, à la maison ✨

Boîte de réception : 0.

Je ne m'attendais pas vraiment à avoir des nouvelles de Michael, surtout après avoir effacé son mail, OU des nouvelles de Lilly, vu la façon dont elle m'a ignorée en étude dirigée.

Mais bon. J'espérais…

C'est la première fois que Lilly ne me parle pas pendant aussi longtemps.

Je n'arrive pas à croire que ce soit fini entre nous.

Et tout ça, à cause d'un GARÇON.

Tina vient de m'envoyer un message instantané.

Heureusement qu'elle est là.

Cœuraimant : Mia ! Ça va ? J'ai à peine pu te parler aujourd'hui. Tu te sens mieux ?
FtLouie : Oui, merci !

Et alors ? Je mens tout le temps.

Cœuraimant : Oh, tant mieux ! Tu avais l'air si triste tout à l'heure.

FtLouie : Oui, mais que veux-tu ? J'imagine que c'est normal, puisque j'ai perdu l'amour de ma vie.

Cœuraimant : Je sais. Oh, je suis tellement désolée pour toi, Mia. Mais je connais quelque chose qui pourrait te faire du bien : la thérapie par les courses. Tu as pris quelques centimètres, tu as dû changer de taille ! Bref, tu as besoin de nouveaux habits ! Ça te dit de faire du shopping demain ??? Ma mère peut nous emmener. Tu sais comme elle adore faire les boutiques !!!!

Et voilà ce qui arrive quand on accepte de faire des courses avec Lana Weinberger. Brrrrrrr. La mère de Tina est carrément un GÉNIE en ce qui concerne le shopping. Ce qui est normal, vu qu'elle était mannequin avant. Et en plus, elle connaît *tous* les stylistes.

FtLouie : J'adorerais, mais j'ai rendez-vous avec ma grand-mère.

O.K., je sais. Un mensonge de plus. Tant pis. Je ne pouvais tout de même pas dire à TINA que je retrouvais LANA WEINBERGER demain ! Elle n'aurait pas compris. Même si je lui expliquais l'histoire du truc-à-faire-par-jour-qu'on-redoute. Ou que je lui parle du Domina Rei.

Cœuraimant : Dommage. Et demain soir, tu es prise ? Tu veux venir à la maison ? Mes parents sortent et je dois rester avec mes petits frères. On pourrait regarder des D.V.D. ?

Curieusement – bon d'accord, je suppose que c'est parce que je suis déprimée –, l'invitation de Tina m'a presque fait monter les larmes aux yeux. Tina est tellement gentille.

Apparemment, c'était quelque chose que je pouvais faire, émotionnellement parlant, je veux dire. Comparé à sortir avec le garçon dont tous les médias m'accusent d'être amoureuse. Quand, en vérité, je n'aime qu'un seul garçon, qui est au Japon en ce moment et m'envoie des mails pour me dire qu'il a du mal à trouver des sandwichs à l'œuf au pays du Soleil Levant...

Super.

FtLouie : Je ne rêvais pas d'autre chose.

Sauf rester au lit et regarder la télé.

Mais je n'ai plus de télé. Du coup, je ne peux même plus faire ça.

Cœuraimant : Génial ! Je me disais qu'on pourrait revoir l'œuvre de Drew Barrymore. En particulier ses vieux films, comme À tout jamais, une histoire de Cendrillon et Demain on se marie !

140

FtLouie : SUPER ! J'apporte les pop-corn.

Vous savez quoi ? Je ne me sens pas du tout coupable de ne pas avoir dit à Tina que j'avais effacé le mail de Michael… ou que je suis en thérapie. Parce que je ne me sens pas prête à parler à de ça à qui ce soit.
Un jour, peut-être.
Pour l'instant, je vais faire une petite sieste.
Je suis épuisée.

Samedi 18 septembre, 10 heures du matin, chez Bendel

Qu'est-ce que je fais ici ?
Je déteste les grands magasins de luxe. Les grands magasins de luxe comme *Bendel*, c'est fait pour les gens riches.
Bon d'accord, je suis princesse, et c'est vrai que je ne suis pas… pauvre.
Mais je porte en ce moment le jean de ma MÈRE, parce qu'aucun des miens ne me va.
Les gens qui portent les jeans de leur mère ne fréquentent pas ce genre de magasin, où des mannequins se promènent un flacon de parfum à la main en vous disant : « Nina Ricci ? »
Et quand vous leur répondez : « Euh… non,

Mia Thermopolis », ils vous vaporisent un truc qui sent le désodorisant Fraîcheur des sous-bois, en plus sucré.

Je ne plaisante pas. Rien à voir avec *Gap*. Non, ici, ça fait plus penser aux boutiques qu'adore Grand-Mère. Le monde en plus. Mais c'est uniquement parce que quand Grand-Mère décide de faire du shopping, elle téléphone d'abord et demande qu'on ouvre la boutique spécialement pour elle après les heures de fermeture, histoire de ne pas se frotter aux roturières.

Ma mère a failli avoir une attaque quand je lui ai dit où j'allais ce matin – et pourquoi il fallait qu'elle me prête un de ses jeans.

« Tu vas faire du shopping avec QUI ? a-t-elle hurlé.

— Je ne veux pas en parler, ai-je répondu. C'est quelque chose que je dois faire. Pour ma thérapie.

— Ton psy t'a dit d'aller faire du shopping avec *Lana Weinberger* ? » a-t-elle insisté en jetant un coup d'œil à Mr. G. qui remplissait le bol de céréales de Rocky. Sauf que, distrait par notre conversation, il venait de renverser le paquet de Cheerios par terre, à la grande joie de mon petit frère.

« Et c'est censé te faire du BIEN ? a continué ma mère.

— C'est plus compliqué que ça, ai-je déclaré. Je dois accomplir une action par jour qui me terrifie.

— Eh bien, a dit ma mère en me tendant son Levi's. Faire du shopping avec Lana Weinberger *me* terrifierait. »

Maman a raison. Qu'est-ce que je fabrique ici ? Et pourquoi j'ai écouté le Dr de Bloch ? Il ne sait rien de mes aventures avec Lana. Rien ! Il n'a vu aucun des films sur ma vie ! Il n'est pas au courant de tous les coups bas que Lana nous a faits par le passé, à mes amis et moi ! Il ne peut pas comprendre que cette histoire de shopping est probablement un piège ! Carrot Top ne va sans doute pas tarder à surgir de derrière l'un de ces stands de parfum ! Oui, j'en suis sûre : me faire venir ici est la dernière des vacheries que me réserve Lana.

Oh, oh ! La voilà.

À plus.

Samedi 18 septembre, 3 heures de l'après-midi, dans les toilettes du restaurant Nobu Fifty Seven ✹

Pour des raisons qui me dépassent totalement, Lana Weinberger et son clone, Trisha Hayes, sont en fait super sympa avec moi.

O.K., ce n'est pas pour des raisons qui me dépassent *complètement* puisque Lana m'a expliqué pourquoi elle était sympa avec moi :

« Parce que j'en ai fini avec Josh. Ce n'était pas ta faute », a-t-elle dit.

Quand je lui ai fait remarquer – le plus poliment possible – qu'elle me détestait bien avant que son petit ami la quitte pour sortir avec moi (puis me quitte pour retourner avec elle quand, à mon tour, je l'ai quitté), elle m'a répondu, tandis qu'on cherchait les soutiens-gorge 90D (je fais du 90D !!!!! et non plus du 85B !!!! Lana a insisté pour qu'une experte en lingerie me mesure la poitrine et celle-ci a confirmé ce que je soupçonnais : non seulement j'ai pris une taille en tour de poitrine mais je suis aussi passée du bonnet B à D !) :

« En fait, ce n'est pas vraiment toi que je détestais. Mais plutôt cette fille bizarre avec qui tu traînais.

— Oui, c'est vrai. Comment tu faisais pour apprécier une fille pareille ? a ajouté Trisha. Elle est tellement imbue d'elle-même ! »

J'ai failli éclater de rire ! Les deux jumelles diaboliques osaient dire que LILLY était imbue d'elle-même ????

Et puis, j'ai réfléchi et je suis arrivée à la conclusion que oui, Lilly peut être parfois assez imbue d'elle-même. Et présomptueuse. Et autoritaire.

Mais c'est pour ça que je l'aime ! Au moins, elle a une opinion sur des tas de sujets. Et des sujets importants. La plupart des gens de ma classe ne s'intéressent à rien – sauf au gagnant d'*American Idol* ou à l'université qui va les accepter plus tard. Ou, dans le cas de Lana, au gloss qui met le plus en valeur ses lèvres.

Mais je n'ai rien dit de tout cela à Lana et à Trisha parce que, même si Lilly me manque et tout ça – pas autant quand même et pas de la même manière que Michael –, il faut que je trouve comment me sortir du trou dans lequel je suis tombée sans son aide ou l'aide d'un autre Moscovitz. Et au vu des récents événements, ni Lilly ni Michael ne risquent d'être dans les parages si j'ai besoin d'eux. Je vais devoir apprendre à me débrouiller toute seule, sans Lilly OU Michael pour me soutenir et être mes béquilles émotionnelles.

Bref, je n'ai pas relevé quand Lana et Trisha ont (légèrement) débiné Lilly. À vrai dire, je les comprenais un peu. Surtout après avoir essayé des talons aiguilles pour voir comment c'est d'être dans la peau de Lana.

Eh bien, ce n'est pas si génial que ça.

Attention, ne me faites pas dire ce que je n'ai pas dit. Lana est super belle et tous les hommes dans le magasin qui n'étaient pas homosexuels (c'est-à-dire deux) n'ont pas cessé de la suivre du regard.

Et c'est une acheteuse DU TONNERRE ! Sans elle, jamais je n'aurais essayé un jean by Citizens of Humanity. Tout ça parce que Paris Hilton en porte un et, même si je ne connais pas Paris personnellement, elle ne donne pas l'impression de se préoccuper beaucoup des pauvres ou de l'environnement.

Mais vu que Lana était persuadée qu'il m'irait, je l'ai essayé et...

Il me va SUPER bien !!!!!!!!

Et ne me lancez pas sur ce que ça fait de mettre un soutien-gorge de la bonne taille et de la bonne forme. Dans mon soutien-gorge bonnets moulés de chez Agent Provocateur, j'ai une vraie poitrine. Une vraie poitrine qui équilibre le reste de mon corps, et qui ne me fait plus la silhouette d'une poire ou d'un coton-tige.

Maintenant, je suis ce qu'on appelle une fille... bien roulée.

Bon, O.K., pas aussi bien roulée que Scarlett Johanson.

Mais plus comme Jessica Biel.

Et avec les deux tops de chez Marc Jacobs que Lana m'a mis dans les bras et m'a ordonné d'essayer, j'ai eu de moins en moins l'impression que cette histoire de shopping était un piège, mais que Lana cherchait vraiment à faire amende honorable et voulait que je sois jolie. Chaque fois que Trisha ou elle me faisait essayer quelque chose – comme une mini-jupe en fausse fourrure ou une ceinture dorée de chez Rachel Leigh –, et qu'elles disaient : « Ouah, sexy », ou « Non, ça ne te va pas, enlève-le », eh bien, j'avais le sentiment qu'elles… qu'elles ne se moquaient pas de moi.

Et vous savez quoi ? Ça m'a fait du bien. Parce qu'elles avaient l'air sincère. Par exemple, elles ne m'ont pas du tout donné l'impression que j'étais Katie Holmes et elles Tom Cruise en faisant pression sur moi, comme il le fait avec la scientologie. Non, avec Lana et Trisha, c'étaient des vrais conseils, comme : « Surtout, Mia, ne porte JAMAIS de rouge. Promis ? Ça ne te va pas du tout. »

En fait, cette matinée de shopping, c'est complètement un truc de filles. Le genre que Lilly ne supporte pas. Lilly, elle, aurait dit : « Il t'en faut combien de soutiens-gorge ? En plus, personne ne va les voir, alors à quoi ça te sert d'en acheter autant ? Surtout quand on sait qu'il y a la famine au Darfour », ou bien : « Pourquoi tu t'achètes un jean DÉJÀ déchiré ? L'idée, c'est que ce soit TOI qui le déchires à force de le porter, pas que quelqu'un d'autre le déchire à ta place. » Ou encore :

« Quoi ???? Tu prends un de CES TOPS ???? Est-
ce que tu sais que ces tee-shirts sont fabriqués
par des enfants du Guatemala qui travaillent
dans des ateliers clandestins pour cinq cents de
l'heure ? »

Ce qui n'est même pas vrai, parce que *Bendel* ne
vend pas d'articles fabriqués dans des ateliers clandestins. J'ai posé la question aux filles qui organisent la braderie d'aujourd'hui.

Et puis, on avait des tas de sujets de conversation, Lana, Trisha et moi. Elles m'ont demandé,
par exemple : « Alors, tu sors ou pas avec J.P. ? »
et moi, j'ai répondu : « Non, on est juste amis », et
elles ont dit : « Ah bon ! Il est plutôt mignon. Il y a
juste son truc avec le maïs qui est bizarre. »

Du coup, je leur ai raconté que Michael et moi,
on venait de casser, et que je me sentais complètement vide à l'intérieur, comme si quelqu'un avait
creusé un trou dans ma poitrine à coups de cuillère
à glace et avait jeté le contenu par-dessus le pont de
l'autoroute.

Eh bien, elles n'ont pas du tout trouvé ça bizarre.
Lana a même dit que c'était exactement ce qu'elle
avait ressenti quand Josh l'avait plaquée. Je me suis
alors excusée et elle a déclaré :

« Laisse tomber. Je m'en suis remise. Toi aussi, tu
t'en remettras. »

Sauf qu'elle se trompe. Jamais je ne me remettrai d'avoir perdu Michael. Pas même dans un milliard d'années.

Mais j'essaie — si essayer, c'est mettre toutes ses lettres, toutes ses cartes et photos et tous ses cadeaux dans un grand sac en plastique que j'ai caché sous mon lit. Je ne pouvais pas me résoudre à les jeter. Je ne le pouvais tout simplement pas.

Bref, pour en revenir à Lana et à Trisha, je dois avouer que j'étais assez étonnée de leur parler... normalement. C'était un peu comme si je parlais à Tina. Mais en string (qui, soit dit en passant, est assez confortable quand on le prend de la bonne taille).

Bon d'accord, Lana et Trisha n'ont jamais lu *Jane Eyre* (elles m'ont d'ailleurs regardée bizarrement quand je leur ai confié que c'était mon livre préféré), ou vu *Buffy* (« Ce n'est pas la fille de *The Grudge* ? »).

Mais elles ne sont pas méchantes. Je crois qu'elles sont surtout... incomprises. Par exemple, le fait qu'elles fassent une fixation sur les eye-liners pourrait très bien être pris pour de la superficialité quand c'est juste la manifestation d'un manque de curiosité pour le monde qui les entoure. Sauf s'il a un rapport avec les chaussures.

Du coup, je suis un peu désolée pour elles – pour

Lana, du moins –, parce que quand on a fait le compte de tous nos achats et que la facture de Lana s'est élevée à 1 847,56 dollars et que Trisha s'est exclamée : « Ouah ! Ta mère va te TUER », car Lana n'avait pas le droit de dépasser mille dollars, Lana a haussé les épaules et a rétorqué :

« Si elle me fait la moindre remarque, je lui parle de Bubbles. »

J'ai bien sûr demandé qui était Bubbles. Et Lana est devenue toute triste et a répondu :

« C'était mon poney.

— *Était ?* » ai-je répété.

Lana m'a alors expliqué que, lorsqu'elle est devenue trop grande, à treize ans, pour monter Bubbles, son poney adoré, ses parents l'ont vendu sans le lui dire, pensant qu'une rupture rapide sans adieux serait moins traumatisante pour elle.

« Ils se trompaient, a conclu Lana en tendant sa carte de crédit à la caissière. Tous les jours je pense à lui. Il me manque tellement. »

Ouah ! C'est dur. Au moins, Grand-Mère ne m'a jamais fait ÇA.

Je crois que je ferais mieux de retourner dans la salle. Lana, Trisha et moi, on s'est pris un smorgasbord. C'est la spécialité du chef et ça coûte « juste » cent dollars par personne.

Mais Trisha a décidé qu'on le méritait. En plus, il

n'y a que des protéines vu que c'est une assiette de poissons crus.

Bien sûr, Lana et Trisha n'ont payé que pour elles. Moi, j'ai dû payer pour Lars aussi. Il a pris un steak. Il paraît que le poisson cru nuit à ses forces.

Samedi 18 septembre, 6 heures du soir, dans la limousine en route pour chez Tina ✨

Quand je suis rentrée de ma matinée shopping, j'ai trouvé ma mère dans tous ses états. Tout ça parce que j'avais fait livrer mes achats de chez *Bendel* (et de chez *Sacks* aussi, où on est allées après déjeuner pour acheter des bottes et des chaussures), pour ne pas avoir à les porter toute la journée, et qu'ils étaient entassés dans ma chambre où ils occupaient tellement de place que Fat Louie ne pouvait plus atteindre sa litière.

« COMBIEN AS-TU DÉPENSÉ ? » a-t-elle hurlé en écarquillant les yeux.

Bon, c'est vrai que ça faisait BEAUCOUP de sacs. Rocky s'est d'ailleurs bien amusé à entasser les plus petits sur son camion-benne pour les faire ensuite tomber. Heureusement, le Lycra ne s'abîme pas facilement.

« Calme-toi, ai-je dit. J'ai utilisé la carte noire American Express que papa m'a donnée.

— TU NE DEVAIS TE SERVIR DE CETTE CARTE QU'EN CAS D'URGENCE ! a hurlé de nouveau ma mère.

— Eh bien, j'ai estimé que ma nouvelle taille de soutien-gorge, qui est, au cas où cela t'intéresserait, 90D, est une urgence », ai-je répliqué.

Ma mère a alors pincé les lèvres et a dit :

« Je ne suis pas sûre que cette Lana Weinberger ait une bonne influence sur toi. J'appelle ton père. »

Là-dessus, elle est sortie de ma chambre en tapant du pied.

Ah, les parents, je vous jure ! Ils vous prennent la tête parce que vous refusez de sortir de votre lit ou de voir qui que ce soit. Et quand vous faites enfin ce qu'ils veulent, c'est-à-dire sortir de votre lit et retrouver des amis, ça les rend fous.

Comment voulez-vous gagner ? C'est impossible.

Bref, pendant que ma mère racontait mes frasques à mon père (d'accord, j'admets que j'ai dépensé beaucoup, bien plus que Lana d'ailleurs. Cela dit, à l'exception des robes de bal et d'une salopette, je ne me suis rien acheté depuis trois ans au moins, du coup je ne vois pas pourquoi ils en font tout un plat), j'ai rangé tous mes vieux habits dans un sac pour les emporter à l'Armée du Salut et j'ai accroché mes nouveaux vêtements hyper stylés avant de préparer mes affaires pour aller dormir chez Tina.

Et vous savez quoi ? Je suis ravie à l'idée de passer la soirée avec Tina. Lana et Trisha m'ont invitée à une fête dans l'Upper West Side chez un garçon dont les parents s'absentent pour aller essayer de maîtriser leur chi ce week-end dans un spa. Quand j'ai répondu à Lana que j'avais déjà prévu autre chose, elle a fait, d'une voix assez sarcastique :

« Tu vas baptiser un bateau, c'est ça ? »

Sauf que maintenant je sais que je ne dois pas prendre à la lettre tout ce qu'elle dit. La plupart du temps, quand elle sort une pique, c'est pour être drôle. Même si elle est la seule à la trouver drôle. En fait, Lana a plein de points communs avec Lilly.

« Non, je vais juste chez Tina Hakim Baba », ai-je répondu.

C'est tout. Et ni l'une ni l'autre ne s'est vexée que je décline « la » soirée du trimestre pour une soirée devant la télé.

Bref, je rangeais ma brosse à dents dans mon sac quand ma mère est revenue avec le téléphone à la main.

« Ton père veut te parler », a-t-elle dit.

Et elle m'a tendu le téléphone et est sortie, un air de satisfaction sur le visage.

Je vous jure. J'adore ma mère et tout ça. Mais elle ne peut pas avoir le beurre et l'argent du beurre. Elle ne peut pas m'élever pour que je me rebelle contre la société et ensuite se faire du souci quand je suis tellement déprimée par ladite société au point de ne plus pouvoir sortir de mon lit et de suivre une thérapie, pour après flipper parce que je suis le conseil dudit thérapeute. Non, elle ne peut pas.

O.K., le Dr de Bloch ne pas m'a DIT de dépenser autant en sous-vêtements. Mais ce n'est pas une raison.

« Je te préviens, je ne rapporte rien, ai-je annoncé à mon père tout à trac.

— Je ne te l'ai pas demandé, a répondu mon père.

— Tu sais combien j'ai dépensé ? ai-je alors dit sur un ton méfiant.

— Je sais. La banque m'a déjà appelé. Ils pensaient que la carte avait été volée par une adolescente qui faisait des folies. Étant donné que tu n'as jamais dépensé une somme pareille.

— Oh ! ai-je fait. De quoi alors tu voulais me parler ?

— De rien. Il faut juste que je fasse semblant

d'être en colère. Tu connais ta mère. Elle vient de la campagne. Dès que ça coûte plus de vingt dollars, elle a une poussée d'urticaire. Elle a toujours été comme ça. Elle ne peut pas s'en empêcher.

— Oh ! ai-je fait à nouveau avant d'ajouter : Mais papa, ce n'est pas juste !

— Qu'est-ce qui n'est pas juste ? a demandé mon père.

— Rien, ai-je répondu tout bas. Comme tu es censé me crier dessus, je fais comme si je n'étais d'accord.

— Oh, s'est exclamé mon père, impressionné. Bravo. Oh, non !

— Quoi, oh non ? ai-je fait.

— Ta grand-mère vient d'arriver, a répondu mon père, brusquement tendu. Elle veut te parler.

— Du montant de mes dépenses ? » me suis-je étonnée.

Parce que pour Grand-Mère, ce que j'ai dépensé aujourd'hui chez *Bendel* équivaut seulement à peine à un quart de ce qu'elle dépense toutes les semaines chez le coiffeur.

« Euh… non pas vraiment », a répondu mon père.

Une seconde plus tard, Grand-Mère me disait, assez sèchement :

« Amelia, qu'est-ce que j'ai appris ? Ton père

155

m'a annoncé que tu ne pourrais pas honorer nos leçons de princesse pendant quelque temps parce que tu traverses une crise personnelle que tu dois résoudre ?

— Mère, ai-je entendu mon père s'étrangler. Ce n'est pas du tout ce que je vous ai dit ! »

Ça m'a suffi pour comprendre ce qui s'était passé : mon père avait essayé de me dispenser de mes leçons de princesse sans dire à Grand-Mère POURQUOI je ne pouvais pas la retrouver tous les soirs après les cours – en d'autres termes, il ne lui avait pas dit que je suivais une thérapie. Avec un cow-boy.

« Calme-toi, Philippe, a lâché Grand-Mère à l'autre bout du fil. Tu ne trouves pas que tu en as assez fait comme ça ? Puis, à moi, elle a dit : Amelia, ça ne te ressemble pas, voyons ! T'effondrer à cause de CE GARÇON ? Ne t'ai-je donc RIEN appris ? Une femme a besoin d'un homme comme un poisson d'une bicyclette ! Ressaisis-toi, je t'en prie !

— Grand-Mère, ai-je fait d'une petite voix lasse. Ce n'est pas qu'à cause de Michael. Je suis assez stressée en ce moment. En plus, comme j'ai manqué l'école, j'ai des tas de cours à rattraper. Du coup, si ça ne t'embête pas, j'aimerais bien faire un break jusqu'à…

— ET QU'EST-CE QUE TU FAIS DU DOMINA REI ? a hurlé Grand-Mère.

— Quoi, le Domina Rei ? ai-je répété.

— Il faut qu'on prépare ton discours, a répondu Grand-Mère.

— C'est très bien que tu en parles, parce que... eh bien, je... je ne sais pas si..., ai-je bafouillé.

— Tu prononceras ce discours, Amelia, que tu le veuilles ou non ! s'est écriée Grand-Mère. La comtesse est au courant et elle enrage déjà ! Bref, je veux que tu me retrouves demain après-midi à l'ambassade de Genovia. Nous passerons en revue les archives royales. Tu y trouveras peut-être quelque chose qui t'inspirera. Est-ce clair ?

— Mais Grand-Mère..., ai-je commencé.

— À demain, donc. 2 heures, à l'ambassade », a-t-elle conclu avant de raccrocher.

Moi qui rêvais de passer mon dimanche au lit.

Je ne sais pas si ma mère écoutait, mais elle a passé la tête dans l'encadrement de ma porte juste après. Et elle semblait moins en colère.

« Mia, je suis désolée, a-t-elle déclaré. Mais il fallait que je le fasse. Est-ce que tu te rends compte que tu as dépensé presque autant que le P.N.B. d'un petit pays en voie de développement... dans un jean taille basse ?

— Oui », ai-je répondu en essayant d'avoir l'air désolé.

Ce qui n'était pas très difficile. Je *suis* désolée. Désolée de ne pas m'être acheté un jean taille basse AVANT. Parce que je suis super SEXY avec.

Mais ce que ma mère ne sait pas — et mon père non plus, du moins pas encore —, c'est que pendant qu'on mangeait, Lana, Trisha et moi, j'ai appelé Amnesty International et je leur ai fait un don du montant exact de ce que j'ai dépensé chez *Bendel* en me servant à nouveau de ma carte noire American Express.

Du coup, je ne me sens pas si coupable que cela.

« Je sais que ça ne se passe pas très bien avec Michael en ce moment, et que vous vous êtes disputées, Lilly et toi, a continué ma mère. Et je suis très contente que tu te fasses de nouvelles amies. Je me demande simplement si Lana Weinberger est vraiment la personne qui te convient...

— Elle n'est pas si affreuse que cela », ai-je dit en repensant à l'histoire de son petit poney. Et aussi à ce que Lana m'avait raconté pendant le déjeuner : que si elle n'était pas acceptée dans l'une des cinq meilleures universités du pays, sa mère lui coupait les vivres. « Ce n'est tellement pas juste ! s'était-elle plainte. Est-ce ma faute si je ne suis pas intelligente comme toi, Mia ? »

J'avais failli m'étrangler avec mon wasabi tellement j'étais surprise.

« *Moi ?* avais-je répété. *Intelligente ?*

— Eh bien, oui, avait renchéri Trisha. En plus, tu es princesse, ce qui veut dire que tu peux demander n'importe quelle université, tu seras prise. Tout le monde a intérêt à avoir une tête couronnée parmi ses élèves. »

Ce qui est vrai.

« Écoute, Mia, a dit ma mère avec un air de doute – j'imagine à cause de ma remarque sur Lana, comme quoi elle n'est pas si affreuse –, je suis contente de constater que tu n'es pas sectaire et qu'à l'inverse des années précédentes, tu acceptes de faire des expériences nouvelles... – j'avoue que je ne voyais pas très bien de quoi elle parlait, à moins qu'elle fasse allusion au fait que je mange de la viande maintenant ? – mais rappelle-toi la règle n° 1 des Jeannettes.

— Tu veux dire, avec un bon soutien-gorge, tes tétons doivent se trouver exactement à mi-chemin de tes épaules et de tes coudes ?

— Euh... non, a répondu ma mère, d'une patience à toute épreuve. Je pensais à "Rencontre des gens nouveaux, mais garde tes anciens amis. Les premiers sont rigolos, les autres sont pour la vie".

— Oh, ai-je fait. Oui, oui. Ne t'inquiète pas. Je dors chez Tina, ce soir. D'ailleurs, il faut que je file ! »

Et je me suis empressée de partir avant qu'elle remarque mes nouvelles boucles d'oreilles. Elles ont coûté le prix de la poussette de Rocky.

Samedi 18 septembre, 9 heures du soir, dans la salle de bains de Tina ✦✦

Comme je suis contente d'avoir accepté l'invitation de Tina ! Même si je suis encore super déprimée, l'appartement de Tina est mon troisième endroit préféré (le premier étant les bras de Michael et le second, mon lit).

Bref, être chez Tina n'est pas aussi insupportable que de me retrouver chez… chez *Bendel,* en pleine braderie de lingerie.

Je m'en veux un peu de n'avoir toujours rien dit à Tina sur mon état psychique actuel — que j'ai l'impression d'être au fond d'un trou dont je n'arrive pas à sortir, etc. Elle se comporte tellement comme une vraie amie ! Elle trouve que ma nouvelle façon de m'habiller me va super bien, elle m'a félicitée pour mes boucles d'oreilles et elle m'a dit que mon nouveau jean me faisait un c.. d'enfer !

Elle m'a même demandé si je n'avais pas PERDU du poids !

Dès qu'on a fini de manger les deux pizzas qu'on avait commandées (aux poivrons avec supplément de fromage), on s'est dépêchées d'avancer l'heure sur toutes les pendules de l'appartement histoire de coucher plus tôt ses petits frères, même s'ils râlaient et hurlaient qu'ils n'étaient pas fatigués. En fait, ils pleuraient tellement qu'ils se sont endormis en un rien de temps.

Puis on a sorti les D.V.D. et on s'est mises au travail. Tina a fait la filmographie suivante pour qu'on puisse suivre la carrière de Drew Barrymore plus facilement. Tina est persuadée qu'un jour, Drew sera aussi célèbre que Meryl Streep ou Judi Dench, et c'est pour ça qu'elle veut qu'on connaisse sa vie par cœur pour pouvoir parler de son œuvre plus tard.

Drew Barrimore : Ses œuvres
les plus importantes

Georges le petit curieux
Tina : Je ne l'ai jamais vu.
Mia : Hé, c'est pour les bébés.
0 Drew d'or sur 5.

Terrain d'entente
Tina : Drew est excellente dans ce film. Elle éclipse tellement le romantique Jimmy Fallon.
Mia : Trop de passages sur le base-ball.
Tina : C'est un peu le sujet du film.
3 Drew d'or sur 5.

Amour et amnésie
Tina : Jamais réussi à atteindre l'aspect comique de *Demain on se marie !*, le précédent film où Drew donnait la réplique à Adam Sandler.
Mia : C'est quand même assez drôle.
3 Drew d'or sur 5.

Un duplex pour trois
Tina : Ça me rend tellement triste que Drew ait accepté de jouer dans ce film.
Mia : Moi aussi, ça me fait mal. Mais c'est Drew, alors...
1 Drew d'or sur 5.

Charlie et ses drôles de dames
Tina : Drew est excellente !
Mia : Je ne suis pas sûre d'avoir bien compris pourquoi Lucy Liu, Cameron et Drew se tenaient par la main pendant la soirée qui a suivi la sortie du film.

Tina : Exact. Qui donne la main à sa *petite amie* ?
Mia : À l'exception de Spencer et d'Ashley dans *South of Nowhere*, bien sûr. Mais c'est normal, elles sortent ensemble.
Tina : Ça n'a rien à voir.
Mia : Quand même.
5 Drew d'or sur 5.

Confessions d'un homme dangereux
Tina : Mes parents n'ont pas voulu que je le voie parce qu'il était interdit aux moins de dix-sept ans.
Mia : Moi, je n'ai pas voulu. Il y a trop de vieux dedans. Mais en même temps, c'est Drew, donc…
1 Drew d'or sur 5.

Écarts de conduite
Tina : Tu l'as vu ?
Mia : Non. Jamais entendu parler non plus.
Tina : Ça doit être bien quand même.
Mia : S'il y a Drew, oui, évidemment.
1 Drew d'or sur 5.

Collège attitude
Tina : GÉNIAL !!!!! DREW EST TELLEMENT MIGNONNE DANS CE FILM !!!!!
Mia : Oui. Et puis, ça lui va tellement bien d'être

journaliste ET étudiante !!! Elle devrait jouer des rôles d'étudiantes dans TOUS SES FILMS !!!!!
5 Drew d'or sur 5.

Méli-Mélo
Tina : La seule chose dont je me souvienne, c'est que dans ce film, Drew a les cheveux bouclés.
Mia : Elle n'était pas enceinte aussi ?
Tina : Dans ce cas, elle ne s'était pas fait faire de permanente. Parce que les permanentes peuvent faire du mal au fœtus.
Mia : Quoi qu'il en soit, les boucles lui allaient bien. Elle mérite un bon score rien que pour ça.
4 Drew d'or sur 5.

Donnie Darko
Tina : Attends... Drew jouait dans ce film ?
Mia : Je n'ai pas l'impression. Moi, je ne me souviens que de Jake.
Tina : Oui. Il est tellement sexy dans ce film.
Mia : On n'a qu'à noter le film pour Jake.
Tina : Bonne idée. D'autant plus que mes parents ont refusé que je voie *Brokeback Mountain* ou *Jarhead*.
5 Drew d'or sur 5.

À tout jamais, une histoire de Cendrillon
Tina : C'est mon film préféré.
Mia : Moi aussi. Tu te souviens quand elle porte le prince…
Tina : Tais-toi !!!! J'ADORE CE MOMENT-LÀ !!!!
Mia : Moi, c'est quand Drew dit…
Tina : … respire !
5 000 000 Drew d'or sur 5.

Demain on se marie !
Tina : Drew est tellement craquante avec son petit tablier blanc.
Mia : Oui. Et quand il chante cette chanson stupide…
Tina : … elle continue d'être sympa avec lui.
5 Drew d'or sur 5

Les Belles de l'Ouest
Tina : Ce film est tellement nul qu'il en devient presque bon.
Mia : C'est vrai. Mais quand Drew est capturée puis attachée au lit, le visage tourné vers le sol…
Tina : Ça s'appelle le style ottoman.
Mia : Qui a dit que les romans à l'eau de rose ne nous apprenaient rien ?
4 Drew d'or sur 5.

L'Affaire Amy Fisher
Tina : Excellent téléfilm ! Drew joue le rôle d'une ado de Long Island qui tente de tuer la femme de l'homme qu'elle aime.
Mia : C'est brillant.
5 Drew d'or sur 5.

Divorce à Hollywood
Tina : Drew est toute jeune et elle est craquante dans ce rôle !
Mia : J'adore le film. J'adore Drew.
5 Drew d'or sur 5.

Charlie, les yeux de feu
Tina : Je sais que tu as aimé ce film, aussi je ne vais rien dire.
Mia : Tais-toi ! Comment peux-tu ne pas l'avoir aimé ! Drew joue tellement bien en plus !
Tina : C'est vrai qu'elle est extraordinaire pour son âge... C'est juste l'histoire qui est complètement stupide.
Mia : Il y a des gens qui peuvent tout à fait allumer un feu grâce à l'unique force de leur pensée. Tu n'arrêtes pas de dire ça de J.P.
Tina : C'est vrai.
4 Drew d'or sur 5.

E.T.
Tina : Elle est trop mignonne dans ce film !
Mia : Et elle joue super bien. On a l'impression qu'elle improvise, tellement ses répliques semblent naturelles.
Tina : Regardons la vérité en face : Drew est un génie. Qu'est-ce que j'aimerais qu'elle présente sa propre émission de télé.
Mia : Ou qu'elle dirige les États-Unis !
Tina : Présidente Barrymore ! OUI !!!!!!
5 Drew d'or sur 5.

On fait une pause en ce moment entre *Demain on se marie !* et *À tout jamais, une histoire de Cendrillon.* Tina en profite pour préparer des pop-corn. Pendant les passages où Drew n'apparaissait pas dans *Demain on se marie !,* elle m'a demandé si j'avais des nouvelles de Michael. Du coup, je n'ai pas pu faire autrement que lui parler de son mail. Tina a été outrée que Michael fasse comme si on n'était que des amis et me raconte comment il galère pour trouver des sandwichs à l'œuf au lieu de me dire que je lui manque ou qu'il aimerait tellement qu'on se remette ensemble.

Je lui ai alors rappelé que j'étais d'accord pour qu'on redevienne amis, et que, si on en était là, c'était entièrement ma faute. C'est vrai, quoi. Au lieu de lui faire une scène à cause de Judith Gershner, j'aurais dû la jouer cool, comme Drew.

Tina a été bien obligée d'admettre que ce n'était pas faux. Mais elle m'a dit aussi que j'avais eu raison de ne pas lui répondre.

« Parce que tu ne veux quand même pas donner l'impression que tu n'as rien de mieux à faire que rester chez toi à répondre aux mails de tes ex », a-t-elle déclaré.

Même si c'est ce que je fais.

Bon d'accord, pas complètement. Mais je me sens un peu coupable de ne pas avoir raconté à Tina où j'étais aujourd'hui et avec qui. En même temps, je ne vois pas pourquoi. Après tout, Grand-Mère ne m'a-t-elle pas seriné un milliard de fois que c'était super mal élevé de parler à quelqu'un d'un lieu où on est allé mais où il n'était pas invité.

Bref, je n'ai aucune raison de parler à Tina de Lana et de Trisha.

Mais bon. C'était Lana quand même.

Je...

C'est quoi, ÇA ? Est-ce bien la sonnette de l'interphone que j'ai entendue ?

Dimanche 19 septembre, 2 heures du matin, dans la chambre de Tina ✦

Il s'est passé un truc incroyable.

Tina finissait de verser du beurre fondu sur les pop-corn micro-ondes basses calories, histoire qu'ils aient du goût, quand le concierge de l'immeuble a appelé à l'interphone pour lui annoncer que Boris et « un ami » se trouvaient dans le hall.

Tina a flippé, bien sûr, parce qu'elle n'a pas le droit de recevoir des garçons en l'absence de ses parents.

Mais Boris a dit dans l'interphone qu'il ne faisait que déposer quelque chose. Un cadeau, a-t-il précisé. Évidemment, Tina n'a pas pu résister et les a laissés monter. Parce que, comme elle dit : « Un cadeau, ça ne se refuse pas !!!!!! »

Mais si vous voulez mon avis, le cadeau était juste un prétexte : Boris avait envie de voir Tina, un point c'est tout. La preuve, son « cadeau », c'était deux pots de glace Häagen-Dazs (bon d'accord, nos parfums préférés – vanille aux amandes et macadamia nut brittle – mais quand même).

Mais la vraie surprise – du moins en ce qui me concerne –, c'est que l'« ami » en question n'était autre que J.P.

J'ignorais que J.P. et Boris se voyaient en dehors du lycée.

En tout cas, J.P. avait l'air étonnamment... *beau*. Je ne sais pas ce qu'il s'était fait, mais je l'ai trouvé grand, fort... *viril*, quoi.

Normalement, je ne remarque pas ce genre de chose chez les garçons, sauf quand il s'agit de Michael, bien sûr. Mais là, je dois dire que J.P. m'a fait cet effet. Peut-être parce qu'on n'était pas au lycée, ou parce qu'il était en jean et non en uniforme ou en costume, comme quand on est allés au théâtre. Ou peut-être que c'est à cause de tous ces gens qui me disent qu'il est super sexy.

À moins que je ne sois tout simplement en manque de garçons vu que Michael est parti depuis si longtemps.

En tout cas, c'était bizarre.

J.P. a dû le sentir aussi que c'était bizarre parce qu'il avait l'air assez gêné quand il est entré. Il m'a juste dit « Salut » pendant que Tina poussait des petits cris en s'emparant des deux pots de glace avant de courir chercher des cuillères dans la cuisine.

Tina n'est franchement pas difficile en ce qui concerne les cadeaux. Une babiole de chez Claire's et elle tombe dans les pommes.

Bref, j'ai répondu « Salut » à J.P., et moi aussi,

j'étais gênée. Je l'avais quand même plus ou moins rembarré quand il m'avait demandé ce que je faisais ce soir, et on se retrouvait là, tous les deux...

Bon, O.K., je l'avoue : j'étais gênée aussi parce qu'il était vraiment super sexy.

Mais le pire, c'est que la soirée est devenue de plus en plus bizarre. Au début, ça allait. On a mangé les deux pots de glace en regardant *À tout jamais, une histoire de Cendrillon* (Tina a dit aux garçons qu'ils pouvaient rester pour UN film mais qu'après, ils devaient filer parce que si ses parents les trouvaient là, ils la tueraient. Son père en tout cas. Et c'est Boris plutôt qu'il tuerait. D'ailleurs s'il suivait les consignes de Wahim, le garde du corps de Tina, qui avait quartier libre ce soir, tout comme Lars, vu qu'on passait la soirée ici, ce serait un carnage).

Au bout d'un moment, Boris et Tina ont cessé de s'intéresser au film pour s'intéresser à eux-mêmes. Et de TRÈS PRÈS, si vous voulez mon avis. En gros, ils n'arrêtaient pas de s'embrasser. Avec la langue ! Et devant J.P. et moi !

Comme je n'en pouvais plus d'entendre tous ces bruits de bouche (pourtant, j'avais mis le volume au maximum), j'ai fini par ramasser les pots de glace et j'ai lancé, bien fort :

« Il faudrait les ranger au congélateur avant qu'elles fondent ! »

Et je me suis dépêchée d'aller dans la cuisine. Malheureusement – ou heureusement, je ne sais pas –, J.P. a dit : « Je t'aide », et il m'a suivie. Franchement, je ne voyais pas très bien en quoi ranger deux pots de glace dans un congélateur était difficile. J'aurais très bien pu me débrouiller toute seule. Mais bref, une fois dans la cuisine hyper design des Hakim Baba, avec son plan de travail en granit noir et ses appareils ménagers de chez Sub-Zero, J.P. a pris une root beer dans le frigo et l'a vidée d'un trait pendant que je cherchais de la place dans le congélateur. Il faut dire qu'il y avait un PAQUET de plats cuisinés basses calories (le père de Tina est censé surveiller son taux de cholestérol).

« Alors, a fait J.P., d'un air dégagé, tandis que du salon montait le son de la télévision mais plus – ouf – les slurps et les smacks de Tina et Boris. Tu as raté pas mal de cours, non ?

— Euh... oui, j'ai l'impression, ai-je répondu tout en me battant avec un morceau de viande qui ressemblait à du filet de bœuf.

— Comment tu t'en sors ? a continué J.P. Par rapport aux cours. Tu dois avoir un maximum de trucs à rattraper.

— Oui », ai-je dit.

En fait, j'y avais à peine jeté un coup d'œil. Quand

172

on est au fond du trou comme moi, les devoirs d'école, vous savez, ce n'est pas le plus important. En tout cas, ce n'est pas aussi important qu'un nouveau jean.

« Je m'en occuperai demain, ai-je ajouté.

— Ah bon ? Mais qu'est-ce que tu as fait, aujourd'hui ? »

J'étais tellement occupée à pousser au fond du tiroir le morceau de bœuf que je n'ai pas réfléchi à ma réponse, et j'ai dit en lâchant un grognement : « Je suis allée faire du shopping avec Lana. » Puis ENFIN la viande a cédé et j'ai pu ranger mes deux pots de glace.

Ce n'est donc qu'après avoir refermé la porte du congélateur que j'ai vu la tête de J.P. Et que j'ai mesuré la portée de ce que je venais de lui révéler.

« Lana ? » a-t-il répété d'un air incrédule.

J'ai aussitôt jeté un coup d'œil dans le couloir. Ouf, il était vide. Boris et Tina étaient toujours… euh… occupés.

« Hum, hum », ai-je marmonné en vacillant légèrement.

Comment j'allais m'en sortir ?

« Je… je… ne sais pas comment ça s'est fait, à vrai dire, ai-je repris. Je ne tenais pas à en parler, d'ailleurs.

— Je comprends, a répliqué J.P. C'est quand

173

même LANA. D'un autre côté, si c'est elle qui t'a fait acheter ce chemisier…»

J'ai baissé les yeux sur le petit top babydoll que je portais. J'avoue qu'il est assez mignon. Et court, très court.

En plus, avec mon nouveau soutien-gorge – et ma nouvelle poitrine –, on voyait la naissance de mes seins. Attention, pas de façon vulgaire. *Juste* un peu.

«Euh… oui, ai-je répondu en sentant que je rougissais. Lana est super douée pour le shopping.»

Comment je pouvais dire un truc aussi stupide ? Jamais je n'avais rien dit de plus stupide. Et je dis bien, *jamais*.

Mais J.P. s'est contenté de hocher la tête.

«Je vois, a-t-il fait. À mon avis, elle a trouvé sa vocation. Mais comment c'est arrivé ?

D'une voix hésitante, je lui ai alors parlé du Domina Rei puis de la mère de Lana qui m'avait demandé de prononcer le discours de la soirée de gala dont elle était en charge, et enfin de Lana qui m'avait remerciée d'avoir accepté. Et de fil en aiguille…

«Je comprends, a déclaré J.P. une fois que je me suis tue. Et je comprends très bien pourquoi Lana t'a proposé de faire du shopping avec elle. Ça fait des années qu'elle rêve d'être ta meilleure amie. Mais toi, pourquoi tu as dit OUI ? »

Je ne sais pas vraiment comment expliquer ce qui s'est passé après. Je veux dire, pourquoi j'ai dit ce que j'ai dit. Peut-être parce qu'on était seuls tous les deux dans la cuisine silencieuse des Hakim Baba (enfin, silencieuse à l'exception du bruit du lave-vaisselle. Mais comme c'est un modèle super sophistiqué, on entendait juste *ch-ch-ch* tout doucement).

Ou peut-être parce que J.P. semblait si peu à sa place, assis là, dans cette cuisine ultra moderne, avec son côté un peu dégingandé, les manches de son pull en cachemire gris anthracite roulées jusqu'aux coudes, son jean délavé, ses Timberlands et ses cheveux qui rebiquaient un peu parce qu'il avait mis un chapeau dehors. Il fait étonnamment froid pour un mois de septembre. D'après la météo, l'explication est à chercher du côté du réchauffement de la planète.

Ou bien, c'était peut-être finalement ce côté sexy qu'avait J.P., ce soir. Parce qu'il était VRAIMENT... super mignon.

Ou alors, c'est juste parce que JE NE LE CONNAIS PAS – du moins, pas aussi bien que Tina, Boris et les autres (les autres que je ne vois

175

plus, soit dit en passant, depuis que Lilly a décidé de ne plus me parler).

Mais bref, avant que je me rende compte de ce que je faisais, je me suis entendue dire :

« Voilà. Je suis en thérapie et mon psy m'a demandé de faire un truc par jour qui me terrifie. J'ai pensé que faire du shopping avec Lana Weinberger serait assez terrifiant. Sauf que ça n'a pas été le cas. »

Je me suis mordu les lèvres après. Ce n'est pas rien de dire ça à quelqu'un ! Surtout quand ce quelqu'un est un garçon. Et un garçon avec qui les journalistes racontent que vous sortez quand ce n'est ABSOLUMENT pas la vérité.

J.P. n'a pas répondu tout de suite. Il est resté assis, et a décollé l'étiquette de sa root beer à l'aide de son pouce. Il semblait particulièrement intéressé par le niveau du liquide dans la bouteille.

Ce qui n'était pas le meilleur des signes, non ? Comme s'il n'osait même plus me regarder.

« C'est curieux », ai-je repris, au bord de la panique.

J'avais l'impression de glisser encore plus profondément dans ce trou.

« Oui, c'est curieux, ai-je répété, que je te raconte, à toi, que je suis en thérapie, tu ne trouves pas ? Tu vas penser que je ne tourne pas rond, non ? Que je suis encore plus barjo qu'avant ? »

Mais au lieu de m'annoncer brusquement, comme je m'y attendais, qu'il avait complètement oublié mais il avait un rendez-vous super important et il devait partir, J.P. a relevé la tête de sa bouteille et m'a souri.

Soudain, j'avais nettement moins l'impression de glisser. Et pas seulement parce que, à cause de son sourire, il était encore plus mignon.

« Tu plaisantes ? s'est-il exclamé. Je me demande quel élève d'Albert-Einstein n'est PAS en thérapie. À l'exception de Boris et de Tina, bien sûr. »

J'ai cligné des yeux plusieurs fois et j'ai dit :

« Attends… Toi aussi, tu es… en thérapie ?

— Depuis l'âge de douze ans, a répondu J.P. en riant. Je m'étais mis à développer un certain penchant pour le jet de bouteilles depuis le toit de notre immeuble. C'était complètement idiot, parce que j'aurais pu blesser quelqu'un. Mais bon, j'ai fini par me faire prendre – ce que je méritais –, et depuis mes parents ont fait en sorte que je ne rate pas une seule de mes séances hebdomadaires. »

Je n'en revenais pas. Je connaissais quelqu'un qui était dans la même situation que moi. Incroyable.

Je me suis empressée de m'asseoir sur le tabouret à côté de J.P. et je lui ai demandé :

« Toi aussi, tu dois faire un truc par jour qui te terrifie ?

— Euh... non, a répondu J.P. Je suis plutôt censé en faire MOINS.

— Oh ! ai-je dit, vaguement déçue. Et... ça marche ?

— Ces derniers temps, a commencé J.P. en buvant une gorgée de root beer, ça a marché un maximum. Tu en veux une ? » a-t-il ajouté en pointant sa bouteille du doigt.

J'ai secoué la tête.

« Ça t'a pris combien de temps avant que tu te sentes mieux ? Avant que ça marche, quoi ? » ai-je demandé, toujours aussi abasourdie d'être en présence de quelqu'un qui avait vécu – et continuait de vivre – la même chose que moi. Ou à peu près similaire.

J.P. m'a regardée, une drôle d'expression au visage. Que je n'ai pas comprise tout de suite... En fait, il me plaignait ! Il était *désolé* pour moi.

« Ça va si mal que ça ? » a-t-il dit.

Mais pas méchamment, non. Il était vraiment désolé pour moi.

Sauf que ce n'était pas du tout ce que je voulais. Je ne veux pas que les gens me plaignent. C'est ridicule. Moi-même, je me sens déjà super mal d'être dans cet état quand, en réalité, ma vie est fantastique. C'est vrai, quoi. Prenez Lana. Sa mère a quand même vendu son poney adoré sans le lui dire, et maintenant, elle menace de lui couper les vivres si elle n'est pas acceptée dans une grande université. Tandis que moi, je suis PRINCESSE ! Je peux faire ce que je veux. Je peux m'acheter ce que je veux. Enfin, tout ce qu'il est raisonnablement possible d'acheter. La seule chose que je n'ai pas, que je n'ai plus... c'est l'amour de l'homme que j'aime.

Et c'est ma faute en plus si je l'ai perdu !!!!!!!

« J'étais un peu déprimée, ai-je répondu tout bas en me gardant bien de raconter à J.P. que je n'étais pas sortie de mon lit pendant toute une semaine.

— Michael ? » a-t-il fait.

Mais sans compassion.

J'ai hoché la tête. Je ne pense pas que j'aurais pu articuler quoi que ce soit même si j'avais voulu. J'avais une boule dans la gorge, cette fameuse boule qui revient chaque fois que j'entends – ou que je prononce dans ma tête – le nom de Michael.

Mais en fait, je n'ai pas eu besoin de parler. J.P. a posé sa bouteille et a mis sa main sur la mienne.

J'aurais préféré qu'il s'abstienne, à vrai dire. Parce que ça m'a encore plus donné envie de pleurer. Je ne pouvais pas m'empêcher de comparer sa main

– qui est assez grande et musclée – avec celle, encore plus grande et musclée, de QUELQU'UN D'AUTRE.

« Hé, a murmuré J.P. en serrant mes doigts dans les siens. Ça va aller, je te le promets.

— Tu crois ? » ai-je dit.

Trop tard. J'ai senti les larmes monter. J'ai essayé de les retenir du mieux que j'ai pu et j'ai dit :

« Ce n'est pas que... que Michael, tu comprends. »

J'ai répondu ça à J.P. parce que je ne voulais pas qu'on pense que j'étais déprimée juste à cause d'un garçon. Même si c'est la vérité.

« Il y a aussi cette histoire avec Lilly. Je n'en reviens pas qu'elle pense que toi et moi... que toi et moi, on...

— Hé », a répété J.P., légèrement inquiet à mon avis par la rapidité avec laquelle mes larmes venaient.

Ensuite, tout ce que je sais, c'est qu'il m'a prise dans ses bras et m'a fait un gros câlin pendant que je pleurais tout ce que je pouvais contre son pull. Qui sentait le pressing.

Ce qui m'a fait sangloter encore plus fort quand je me suis rappelé que je ne sentirais plus jamais l'odeur que j'aime le plus au monde et qui me manque tellement... l'odeur du cou de Michael.

Et je peux vous dire que ça n'a rien à voir avec celle du pressing.

« Doucement, doucement, a dit J.P. en me tapotant dans le dos. Ça va aller, je te le promets.

— Je ne vois pas comment ! me suis-je écriée entre deux hoquets. Lilly me déteste ! Elle détourne même la tête maintenant quand elle me croise !

— Tu pourrais peut-être en tirer certaines conclusions, a suggéré J.P.

— Lesquelles ? ai-je fait. Qu'elle me déteste ? Merci, je le sais déjà.

— Non, mais qu'elle n'est pas une amie aussi formidable que tu le pensais », a répondu J.P.

J'ai immédiatement cessé de pleurer et j'ai dévisagé J.P.

« Qu'est-ce que tu viens de dire ? ai-je demandé.

— Eh bien, si Lilly était aussi formidable que tu le penses, elle saurait qu'il n'y a rien entre nous. Parce qu'elle saurait que tu n'es pas capable de faire un truc pareil. En tout cas, elle ne t'en voudrait pas pour quelque chose que tu n'as pas fait, malgré les apparences. Après tout, est-ce qu'elle s'est donné la peine de te demander si ce que le journaliste du *Post* disait était vrai ? »

Je me suis tamponné le coin des yeux avec une serviette en papier que J.P. a prise dans une boîte sur le plan de travail.

« Non, ai-je dit.

— Je n'ai pas eu beaucoup d'amis dans ma vie,
je le reconnais, a poursuivi J.P., mais je ne crois
pas que des amis se traiteraient de la sorte, en se
contentant de croire un article qu'ils ont lu ou des
rumeurs qu'ils ont entendues sans même chercher
à savoir si c'est vrai ou pas. Tu n'es pas d'accord ?
Quelle sorte d'ami ferait ça ?

— Oui, ai-je murmuré en hoquetant encore un
peu. Tu as raison.

— Je sais que vous êtes amies depuis toujours,
Mia, mais il y a des tas de choses concernant Lilly
qu'à mon avis tu ne soupçonnes pas. Des choses
qu'elle m'a dites quand on sortait ensemble... par
exemple, qu'elle a toujours été jalouse de toi. »

J'ai écarquillé les yeux, sous le choc.

« De quoi tu PARLES ? me suis-je écriée.
Pourquoi Lilly serait-elle jalouse de MOI ?

— Pour les mêmes raisons que plein de filles
– dont Lana Weinberger – sont jalouses de toi. Tu
es jolie, tu es intelligente, tu es princesse, tout le
monde t'apprécie...

— QUOI ? » me suis-je exclamée.

Je riais presque. Je riais tellement je n'y croyais
pas. Mais ça valait mieux que pleurer.

« Je ressemble à un coton-tige ! ai-je dit. Je suis
nulle dans presque toutes les matières ! Et LA

PLUPART des gens au bahut pensent que je ne suis qu'une grande perche plate comme une limande...

— Je crois plutôt que les gens pensaient ça, avant, a fait remarquer J.P. en souriant. Et peut-être que certaines personnes continuent de le penser, mais franchement, Mia, regarde-toi. Tu n'es plus du tout comme ça. Et c'est peut-être ça le problème de Lilly. Tu as changé... et pas elle.

— C'est... c'est ridicule, ai-je bafouillé. Je suis toujours la même vieille Mia...

— Qui mange de la viande et fait du shopping avec Lana Weinberger, a dit J.P. Admets-le, Mia. Tu n'es plus la fille que tu étais. Je ne dis pas que tu n'es pas MIEUX ou qu'il n'y a pas des gens qui vont continuer à t'apprécier en se fichant bien de ce que tu manges ou de qui tu fréquentes. Mais apparemment, tout le monde n'est pas capable d'accepter ces changements, comme Tina ou moi. »

J'ai cligné à nouveau des yeux. Est-ce que c'était vrai ? Est-ce que c'est pour ça que Lilly ne voulait plus me parler ? Parce qu'elle était jalouse de moi et non écœurée, comme je le pensais ?

« C'est totalement absurde ! me suis-je exclamée. Lilly est bien plus intelligente que moi, et elle a accompli tellement plus de choses. C'est un génie, voyons ! Qu'est-ce que j'ai qu'elle n'a pas ? À part un diadème ?

— C'est énorme, a fait remarquer J.P. Ce n'est pas rien, tu sais, d'être princesse. Je n'ai jamais compris pourquoi tu le dénigrais. Des tas de gens seraient prêts à faire n'importe quoi pour être à ta place, et toi, tu passes ton temps à regretter d'être qui tu es. Attention, je ne dis pas que c'est ton statut de princesse qui te rend si... spéciale.

— Je te promets que si tu étais à ma place, tu te rendrais compte que je n'ai rien de spécial, ai-je marmonné. Crois-moi.

— Mia, a commencé J.P. en prenant ma main. Il y a quelque chose que je voulais te dire depuis longtemps... »

Mais avant que J.P. ait le temps de finir sa phrase, l'interphone a sonné. C'était le concierge qui prévenait Tina que ses parents venaient d'entrer dans le hall de l'immeuble (quelle bonne idée Tina a de lui offrir régulièrement des cookies, car il ne manque jamais de lui rendre service). Bref, Tina est arrivée en trombe dans la cuisine, l'air complètement affolé, et a dit à J.P. que Boris et lui devaient se sauver immédiatement par la porte de derrière.

Ce que les deux garçons se sont empressés de faire.

Résultat, je ne sais pas ce que J.P. voulait me dire.

Mais bref, après avoir accueilli Mr. et Mrs. Hakim Baba, on a filé, Tina et moi dans la chambre, et là, Tina s'est excusée d'avoir passé autant de temps avec Boris.

« Il est tellement mignon que je n'arrive pas à lui résister, m'a-t-elle confié.

— Ne t'excuse pas, Tina, ai-je dit. Je comprends.

— Quand même, a insisté Tina. Ce n'était pas sympa de notre part de t'imposer notre bonheur alors que tu ne t'es pas encore remise de ta rupture avec Michael. Au fait, de quoi vous avez parlé, J.P. et toi ?

— Oh ! ai-je fait, mal à l'aise. Rien de spécial. »

Tina a paru surprise.

« Ah bon ? a-t-elle dit. C'est bizarre, parce que Boris m'a raconté que quand il lui a dit que tu dormais chez moi, J.P. l'a tanné pour qu'ils passent nous voir, ce soir, tous les deux. Même après que Boris l'a mis au courant des règles strictes de mon père. J.P. n'arrêtait pas de dire qu'il avait quelque chose de super important à t'annoncer. Si j'ai bien compris, il a pratiquement obligé Boris à monter. Tu es *sûre* qu'il ne t'a rien dit ?

— On a parlé de tas de choses », ai-je répondu.

Je déteste mentir à Tina. Mais je ne pouvais tout

de même pas lui dire qu'on avait parlé de nos thérapies respectives. Je ne suis tout simplement pas encore prête à lui dévoiler ce pan-là de ma vie. Je sais, c'est stupide. Tina n'est pas du genre à me juger, mais… je ne peux pas, c'est tout.

« En fait, on a surtout parlé de Lilly, ai-je ajouté.

— C'est curieux, a dit Tina. Tu sais quoi ? Boris pense que J.P. est amoureux de toi. Et je suis d'accord. À mon avis, c'est *ça* qu'il voulait te dire. »

J'ai éclaté de rire. Et ça m'a fait du bien, parce que c'était la première fois que je riais depuis qu'on s'était séparés, Michael et moi. C'était même la SEULE fois.

Sauf que Tina ne plaisantait pas.

« Rends-toi à l'évidence, Mia, a-t-elle dit. J.P. a laissé tomber Lilly dès qu'il a appris que Michael et toi, vous aviez cassé. Il l'a laissée tomber parce qu'il est amoureux de toi, et il s'est rendu compte qu'il avait enfin une chance de sortir avec toi maintenant que tu es célibataire.

— Tina ! me suis-je écriée en m'essuyant les yeux. Je t'en prie. Sois sérieuse.

— Mais je *suis* sérieuse, a protesté Tina. Il se passe exactement la même chose dans *L'Enfant secret du cheikh*… et je suis sûre que c'est à cause de ça que Lilly t'en veut autant.

— Parce que je sais qu'elle est la mère de l'enfant secret du cheikh ? » ai-je demandé en gloussant.

Je ne pouvais pas m'en empêcher. De glousser. C'est impossible d'être déprimée avec Tina. Même quand on est tout au fond du trou.

Mais Tina m'a regardée, déçue.

« Non, a-t-elle dit. C'est parce qu'elle a compris que c'est à cause de toi que J.P. l'a laissée tomber, et que c'est *toi* qu'il aime. Ce qui n'est vraiment pas juste de sa part. Ce n'est pas ta faute, après tout. Tu n'y peux rien si un garçon tombe amoureux de toi, tout comme la princesse de *L'Enfant secret du cheikh* n'y pouvait rien. En tout cas, admets que c'est ce qui se passe. Ça explique TOUT, Mia. »

J'ai continué à rire pendant au moins dix minutes. Tina vit vraiment dans un monde de fantaisie. Elle devrait écrire des romans à l'eau de rose. Ou des sketchs.

C'est trop bête qu'elle veuille devenir chirurgienne.

Dimanche 19 septembre,
5 heures de l'après-midi, à la maison ✯✯

Passer l'après-midi avec Grand-Mère, c'est rarement une partie de plaisir.

Mais passer l'après-midi avec Grand-Mère dans les salles des archives de l'ambassade de Genovia après une nuit blanche, c'est TOUT sauf une partie de plaisir. C'est même ce qu'il y a de moins drôle dans la vie.

Malheureusement, c'est ce que j'ai fait aujourd'hui.

Attention, ne me faites pas dire ce que je n'ai pas dit. La vie de mes ancêtres m'intéresse, c'est juste que... au bout d'un moment, toutes ces guerres et toutes ces famines ont commencé à se mélanger dans ma tête.

Grand-Mère a tenu à ce qu'on aille aux archives royales sous prétexte que j'y trouverais des idées pour mon discours du Domina Rei.

« N'oublie pas, Amelia, n'a-t-elle pas arrêté de me dire. Tu dois les INSPIRER, mais tu dois aussi les IMPRESSIONNER. Et les INFORMER en même temps, évidemment. Il faut qu'elles repartent avec la sensation que tu as non seulement nourri leurs esprits et leurs cœurs, mais leurs ÂMES aussi. »

O.K., Grand-Mère, on fera comme tu as dit.

Avec un petit coup de stress en plus, non ?

Pour en revenir à la salle des archives, Grand-Mère a demandé qu'on lui apporte les écrits des Renaldo les plus célèbres, en particulier les œuvres complètes de Grand-Père.

Personnellement, j'étais plus attirée par ce qu'avaient laissé les membres moins connus de ma famille. Si je voulais copier sans citer mes sources, il valait peut-être mieux.

Parce qu'il ne faudrait quand même pas oublier que je suis *déprimée*. Ce qui n'est pas terrible pour la créativité. Malgré ce qu'en disent certains auteurs de chanson.

Bref, le type aux archives – qui ressemblait à l'idée que je me faisais du Dr de Bloch… c'est-à-dire vieux, chauve et avec un bouc – a soupiré tout ce qu'il pouvait tandis que Grand-Mère l'obligeait à monter et à descendre de son échelle pour lui apporter de nouveaux dossiers. Il a tenté de lui expliquer qu'ils ne gardaient pas tout ici, et que la plupart des écrits se trouvaient au palais. Ils en avaient fait venir quelques-uns seulement, pour le cinquantième anniversaire de l'ambassade de Genovia qui avait eu lieu il y a une dizaine d'années.

Grand-Mère lui a répondu que cela ne l'intéressait pas, tout comme ça ne l'intéressait pas de savoir qu'elle n'aurait pas dû amener son caniche nain dans la salle des archives sous prétexte que les poils des animaux risquaient d'abîmer les anciens manuscrits. Elle a gardé Rommel sur ses genoux et a dit :

« Ne restez pas là debout, planté comme un piquet, monsieur Christophe ! Apportez-nous du thé. Et ne lésinez pas sur les petits fours, cette fois !

— Des petits fours ! s'est exclamé monsieur Christophe en devenant encore plus pâle qu'il ne l'était déjà, ce qui, pour quelqu'un qui passe ses journées enfermé, est assez impressionnant. Mais Votre Altesse, les *manuscrits*... Si de la nourriture ou une boisson quelconque venait à les tacher, ce serait...

— Mais enfin, voyons ! On n'est pas des bébés, monsieur Christophe ! On sait manger proprement ! s'est écriée Grand-Mère. À présent, apportez-moi tous les écrits de mon mari avant que je ne doive aller les chercher moi-même ! »

Monsieur Christophe est parti sans demander son reste, laissant à Grand-Mère tout loisir de m'observer d'un œil critique.

« Mon dieu, Amelia, a-t-elle dit au bout d'une minute. C'est QUOI... ce que tu as aux oreilles ? »

Zut. J'avais oublié d'ôter mes boucles.

« Oh, ai-je dit. Ça ? Je... je les ai achetées l'autre jour...

— Tu ressembles à une bohémienne, a déclaré Grand-Mère. Retire-moi ça tout de suite. Et qu'est-il donc arrivé à ta poitrine ? »

J'avais essayé de me donner un look B.C.B.G. en mettant une robe de chez Marc Jacobs avec un col

Claudine, ce qui était, d'après Lana, le summum du chic urbain. Surtout avec des collants marron à motifs et des chaussures à semelles compensées de chez Mary Janes.

Sauf que c'était ce qu'il y avait sous mon cache cœur en laine qui avait attiré le regard de Grand-Mère.

« J'ai un nouveau soutien-gorge, ai-je dit tout bas.

— Je vois ça, a-t-elle répondu. Je ne suis pas aveugle. C'est ce que tu as mis à l'intérieur qui me déconcerte.

— Je n'ai rien mis à l'intérieur, Grand-Mère, ai-je dit, de nouveau tout bas. C'est naturel. J'ai grandi.

— Voyez-vous ça ! » s'est exclamée Grand-Mère.

Et avant que j'aie le temps de réagir, elle s'est levée et m'a pincé... le bout des seins !

« Aïe ! ai-je hurlé en faisant un bond en arrière. Qu'est-ce qui te prend ? »

Grand-Mère m'a regardée d'un air béat.

« Oui, tu as effectivement GRANDI, a-t-elle dit. Ce doit être toute cette bonne huile d'olive de Genovia qu'on t'a donnée cet été.

— Je pencherais plutôt pour les hormones que le département de l'Agriculture injecte dans le bétail, ai-je corrigé en me massant la poitrine. Depuis que je remange de la viande, j'ai pris trois centimètres, et pas seulement en taille. Tu n'es pas obligée de me pincer. Je peux te garantir que c'est naturel. En plus, tu m'as fait mal. Qu'est-ce que tu dirais si on te faisait la même chose ?

— Il ne faudra pas oublier de demander à la boutique Chanel de prendre tes nouvelles mensurations, a déclaré Grand-Mère. C'est merveilleux, Amelia. Tu vas enfin pouvoir porter des robes sans bretelles et ne pas avoir l'air ridicule. »

Je la hais parfois. Sérieux.

Monsieur Christophe a fini par revenir avec le thé et les petits fours... et les œuvres de Grand-Père. Qui étaient regroupées dans plusieurs boîtes en carton. Et qui semblaient toutes traiter du système d'écoulement des eaux de Genovia, problème qui sévissait pendant une grande partie de son règne.

« Je n'ai pas envie de faire un discours sur l'ÉCOULEMENT DES EAUX », ai-je dit.

En fait, je n'avais pas envie de faire de discours du tout. Mais comme je savais que ce genre d'attitude ne me mènerait nulle part — à la fois en ce qui concernait Grand-Mère ET le Dr de Bloch qui, quand on y réfléchissait bien, avait plein de points communs avec Grand-Mère —, je m'y étais quand même résolue.

« Grand-Mère, tous ces documents ne parlent que de vidanges, ai-je insisté. Je ne peux pas baser mon discours pour le Domina Rei sur les VIDANGES. »

Je me suis tournée vers monsieur Christophe. Il rôdait derrière nous et sursautait chaque fois que Grand-Mère ou moi, on s'emparait de l'un de ses précieux documents.

« N'auriez-vous pas quelque chose de plus PERSONNEL ? lui ai-je demandé.

— Ne sois pas ridicule, Amelia, a lâché Grand-Mère. Tu ne peux pas lire les écrits intimes de ton grand-père aux femmes du Domina Rei. »

À vrai dire, je ne pensais pas à Grand-Père, bien qu'il ait entretenu une correspondance assez salée pendant la guerre. Non, je pensais à quelque chose de moins…

Masculin ? Ennuyeux ? RÉCENT ?

« Et elle ? » ai-je dit en montrant un portrait dans une alcôve au-dessus du distributeur d'eau réfrigérée.

C'était un très joli portrait d'une jeune fille aux joues rondes, habillée à la mode Renaissance, dans un cadre doré.

« *Elle ?* a fait Grand-Mère. Aucun intérêt.

— Qui est-ce ? » ai-je insisté, rien que pour embêter Grand-Mère qui tenait tellement à lire tous ces documents sur les systèmes d'écoulement des eaux. Mais aussi parce que c'était un très joli tableau. Et la fille avait l'air si triste. Je ne sais pas pourquoi, elle donnait l'impression de savoir ce que ça veut dire, être au fond du trou.

« Il s'agit de Sa Majesté royale Amélie Virginie Renaldo, la cinquante-septième princesse de Genovia, qui a régné en l'an 1669. »

J'ai cligné des yeux plusieurs fois. Puis j'ai regardé Grand-Mère.

« Pourquoi tu ne m'as jamais parlé d'elle ? » ai-je demandé.

Curieusement, Grand-Mère, qui m'avait fait apprendre par cœur la liste de mes ancêtres, n'avait pas mentionné une seule fois Amélie Virginie. Amélie est un prénom très populaire à Genovia. C'est le nom de la sainte du pays, une jeune paysanne qui a sauvé la principauté des envahisseurs en chantant une berceuse à leur chef et en lui tranchant la tête une fois qu'il s'était endormi.

« Parce qu'elle n'a régné que douze jours, a répondu Grand-Mère avec impatience, avant de mourir de la peste bubonique.

— QUOI ? » me suis-je exclamée.

J'ai bondi de ma chaise et je suis allée voir ce portrait de plus près.

« On dirait qu'elle a MON âge ! ai-je ajouté.

— Elle avait ton âge, a confirmé Grand-Mère d'une voix lasse. Amelia, veux-tu bien revenir t'asseoir, s'il te plaît. On n'a pas que ça à faire. Le gala a lieu dans moins d'une semaine et nous devons rédiger ton discours *maintenant*...

— Comme c'est triste », ai-je murmuré, les larmes aux yeux.

J'imagine que c'est là l'un des symptômes de la dépression : avoir tout le temps envie de pleurer. Pauvre princesse Amélie Virginie. Elle était tellement jolie, comme Madonna, avant qu'elle vire macrobiotique, devienne une adepte de la Kabbale, fasse de l'haltérophilie et continue d'avoir de bonnes joues. En fait, elle me faisait un peu penser à Lilly. Si Lilly était brune. Et portait une couronne sur la tête et un col droit en velours bleu.

« Elle avait, quoi ? Seize ans ? ai-je demandé.

— Tout à fait, a répondu monsieur Christophe, qui m'avait rejointe à côté du distributeur d'eau réfrigérée. C'était une époque terrible. La peste décimait non seulement le peuple, mais les gens de la cour aussi. Elle avait perdu ses deux parents et tous ses frères. C'est comme ça qu'elle a hérité du trône. Mais elle n'a régné, comme vous l'a dit Son Altesse, que douze jours avant de succomber à son tour à la mort noire. Cependant, pendant ce bref temps, elle a pris quelques décisions – fortement controversées à l'époque – qui sauvèrent de nombreux habitants, si ce n'est toute la population côtière… Elle a en effet fermé le port de Genovia à tout trafic maritime et a interdit l'entrée du palais à tout visiteur, même les médecins qui auraient pu la sauver. Elle ne voulait pas que l'épidémie frappe davantage de ses sujets.

— Oh, c'est trop affreux ! me suis-je écriée en portant la main à ma poitrine tout en m'efforçant de retenir mes larmes. Où sont ses écrits ? »

Monsieur Christophe a levé des yeux surpris vers moi (avec mes semelles compensées, je faisais au moins un mètre quatre-vingt-cinq) et a dit :

« Je vous demande pardon, Votre Altesse ?

— Ses écrits, ai-je répété. Les écrits de la princesse Amélie Virginie. J'aimerais les consulter.

— Je t'en prie, Amelia ! a tonné Grand-Mère, avec l'air de regretter de ne pas avoir commandé un Sidecar à la place du thé et des petits fours. Elle n'a rien écrit ! Elle se battait contre la peste ! Elle n'avait pas le temps d'écrire ! Elle était trop occupée à faire brûler les corps de ses domestiques dans la cour du palais.

— En fait, a dit monsieur Christophe d'une petite voix songeuse, elle a tenu un journal…

— NE SORTEZ PAS CE JOURNAL ! » a hurlé Grand-Mère en se levant brusquement. Si brusquement, qu'elle a délogé Rommel qui a rebondi par terre avant de retrouver son équilibre et de filer, la queue basse, dans un coin de la pièce. « ON N'A PAS DE TEMPS À PERDRE ! a-t-elle ajouté.

— Allez le chercher, ai-je ordonné à Monsieur Christophe. Je veux le lire.

— Il s'agit d'une traduction, a expliqué monsieur Christophe. Dans la mesure où il a été écrit au XVIIe siècle et qu'il n'a été tenu que pendant très peu de temps – douze jours, seulement –, nous avons commencé à le traduire pour découvrir qu'il ne portait pas sur douze jours très... importants de l'histoire de Genovia. Il suffit de n'en lire que les premières pages pour se rendre compte que la princesse n'y parlait que de son petit chat qui lui manquait... »

J'ai su alors qu'il fallait que je le lise.

« Je veux voir cette traduction, ai-je déclaré tandis que Grand-Mère hurlait :

— Amelia, ASSIEDS-TOI ! »

Monsieur Christophe a hésité. De toute évidence, il ne savait pas quoi faire. D'un côté, je suis plus proche du trône dans l'ordre de succession que Grand-Mère, mais d'un autre côté, elle parle plus fort et fait plus peur que moi.

« Vous savez quoi ? ai-je dit tout au bas à monsieur Christophe. Je vous appellerai plus tard. »

Je ne l'ai pas fait. Dès que je suis sortie de l'ambassade et que je me suis retrouvée en sécurité dans la limousine, j'ai téléphoné à mon père et je lui ai dit ce que je voulais.

S'il a trouvé ma requête étrange, il n'en a rien dit. En même temps, il devait estimer que mon intérêt pour autre chose que mon lit devait être un progrès.

Bref, quand je suis rentrée à la maison, un paquet m'attendait. Papa avait fait porter par l'intermédiaire de monsieur Christophe la traduction du journal de la princesse Amélie Virginie ainsi que son portrait.

Je l'ai posé contre le mur, au pied de mon lit, là où se trouvait ma télé avant. Il cache l'affreuse prise du câble et je peux le regarder de n'importe quel angle de mon lit.

Où je suis en ce moment.

Ils peuvent me confisquer ma télévision.

Ils peuvent jeter mon pyjama Hello Kitty à la poubelle.

Ils peuvent m'obliger à aller au lycée et chez le Dr de Bloch.

Mais ils ne peuvent pas me prendre mon lit !

Cela dit, je me rends compte que mes problèmes ne sont rien comparés à ceux de cette pauvre Amélie Virginie. C'est vrai, quoi. Je n'ai pas la PESTE au moins, moi.

Dimanche 19 septembre, 11 heures du soir, à la maison ✶✶✶

Ça fait une semaine exactement que Michael m'a annoncé que c'était fini entre nous. Enfin, qu'il préférait qu'on soit amis, maintenant.

Je ne sais plus quoi en penser au juste. Sûr qu'une partie de moi-même a envie de rester sous la couette et de pleurer, même si, après tout ce que j'ai pleuré, je ne vois pas très bien comment je pourrais pleurer encore (pourtant, chaque fois que je me dis qu'il ne me prendra plus jamais dans ses bras, je sens les larmes monter).

Mais je me mets à penser ensuite à tous ces gens qui ont une vie tellement plus dure que la mienne. La princesse Amélie Virginie, par exemple. D'abord, elle perd ses deux parents en même temps. Cela dit, ça n'a pas dû être SI terrible que ça, finalement, car elle n'était pas très proche d'eux vu qu'ils l'avaient envoyée chez les sœurs à l'âge de quatre ans pour apprendre tout ce qu'une fille de son époque devait apprendre, et comme le couvent était super loin, elle ne les a pratiquement pas revus après.

Ensuite, ce sont ses frères qui sont emportés par la peste. Mais pareil, je ne pense pas que leur mort l'ait traumatisée puisqu'elle les connaissait à peine.

Mais ça la mettait en position de monter sur le trône.

Du coup, les sœurs lui ont demandé de faire ses valises et l'ont renvoyée au palais pour qu'elle y soit couronnée. Et ça, c'était super dur pour Amélie Virginie parce qu'elle a dû laisser sa petite chatte, Agnès-Claire, les chats étant interdits de séjour au palais de Genovia (incroyable : les temps changent mais certaines choses, non).

Bref, quand Amélie Virginie est montée sur le trône, son oncle Francesco, le frère de son père, qu'aucun membre de la famille n'aimait depuis qu'il avait donné un coup de pied au chien Patapouf (les chiens SONT acceptés au palais, eux), se trouvait déjà sur place et donnait des ordres à tout le monde.

Et si je me souviens bien de mon histoire de Genovia (et croyez-moi, après avoir été torturée comme je l'ai été par Grand-Mère, je m'en souviens), oncle Francesco — qui est devenu Francesco Ier à la mort d'Amélie Virginie (en fait, il n'y a pas eu d'autre prince Francesco après lui parce qu'il était si odieux que personne n'a plus jamais donné le nom de Francesco à son enfant) — était détesté de tout le monde, et pas seulement de sa propre famille. C'est le pire dirigeant que Genovia ait jamais eu ; après que la peste a sévi, il a tellement augmenté les impôts pour combler les pertes des taxes qu'il n'avait pas perçues, que les gens n'avaient plus de quoi se nourrir et mouraient de faim.

Il avait également la réputation d'être un très grand libertin (comme le prouvent ses trente enfants illégitimes qui ont tous prétendu au trône après sa mort). En fait, pendant le règne de Francesco, Genovia a failli être annexé à la France à cause des dettes de jeu du prince ; il a même perdu les joyaux de la couronne en jouant aux cartes avec William III d'Angleterre (ils n'ont été récupérés qu'un siècle plus tard quand la princesse Margaret s'est servie de ses charmes pour les soustraire à George III, dont on disait qu'il ne tournait pas rond dans sa tête).

Bref, à cause de Francesco qui se prenait déjà pour le prince, même s'il ne l'était pas – encore –, cette pauvre Amélie Virginie n'avait rien à faire. Du coup, comme beaucoup d'ados qui n'ont personne à qui parler – toutes les dames de compagnie avaient succombé à la peste –, elle passait ses journées à la bibliothèque du palais où elle lisait tous les livres qui s'y trouvaient. Un peu comme Belle de *La Belle et la Bête*, finalement ! Sauf que la Bête, c'était son oncle et qu'elle ne pouvait pas avoir de relations amoureuses avec lui.

Et à la place des tasses à thé et des chandeliers

qui dansaient, c'étaient des chanceliers couverts de pustules.

Je me suis arrêtée là dans ma lecture. C'est tellement barbant que je ne suis pas sûre de continuer. En même temps, j'aimerais bien savoir ce qui est arrivé au chat.

Je...

Oh, oh ! Quelqu'un vient de m'envoyer un mail.

Pompomgrl : Salut, Mia ! C'est moi, Lana. J'espère que tu t'es bien amusée hier soir, parce que tu as raté LA soirée du siècle. Tu peux en voir des photos sur lesmeilleuresteufs.com. Au fait, je me demande si je n'ai pas aperçu ta copine Lilly devant Around the Clock. Elle se bécotait avec un ninja, mais comme j'avais un peu trop bu, je n'en suis pas sûre. En même temps, qu'est-ce qu'elle fait avec un NINJA ? Bref, toujours contente de tes escarpins Christian Louboutin ? Dommage que tu ne puisses pas les mettre au bahut. Allez, à +. Lana.

L'histoire d'amour de Lilly avec ce garçon de la boxe thaï continue ! Si on peut appeler cela une « histoire d'amour ».

Quand Lilly comprendra-t-elle qu'elle ne trouvera jamais le contentement émotionnel qu'elle recherche dans une relation essentiellement basée sur l'attraction physique ? C'est vrai, quoi. Comment voulez-vous qu'un garçon qui fait de la boxe thaï

suive les raisonnements intellectuels de Lilly ?
Elle va l'envoyer sur le carreau dès qu'il ouvrira la
bouche.

C'est triste, en fait, que la fille de deux psychana-
lystes ne soit pas capable de reconnaître sa propre
pathologie pour ce qu'elle est.

Mais j'imagine que Lilly, n'étant pas en thérapie
comme moi, pense ne pas avoir de problème.

Ha !

Ce qui me fait penser que demain... je dois aller
en cours.

Et je n'ai même pas commencé mes devoirs.

Et si je demandais au Dr de Bloch de faire un
mot ? Du genre : *Je vous prie d'excuser Mia. Elle n'a
pas fait ses devoirs. Elle est trop déprimée. Bien cordia-
lement. Emile de Bloch.*

Oui. Ce serait super.

OH, MON DIEU ! Je viens de recevoir un mail
de Michael.

O.K. Il faut que j'arrête de paniquer comme ça
à chaque fois. Après tout, on est amis maintenant.
Et Michael va m'écrire. Il faut que je cesse de perdre mes moyens. Il faut que je reste normale. Je ne
vais quand même pas me mettre à hyperventiler
sous prétexte qu'il me contacte à travers le cyber-
espace.

Parce que je suis sûre qu'il ne m'a pas écrit pour

me dire qu'il regrette et veut qu'on se remette ensemble. Je suis sûre que ce n'est pas ça du tout. Il m'écrit tout simplement parce que je n'ai pas répondu à son dernier mail.

Ou alors parce que je suis sur sa liste de diffusion et il a envoyé un message collectif pour nous annoncer qu'il est toujours à la recherche de son sandwich à l'œuf.

Autant l'ouvrir, sinon je ne saurai jamais.

Mais je vais peut-être attendre que les battements de mon cœur se stabilisent.

SkinnerBx : Chère Mia,
J'ai entendu dire que tu avais eu une bronchite. J'espère que tu vas mieux. Ici, tout se passe bien. On a pas mal avancé sur le bras-robot – ou plutôt sur Charlie, comme on l'a baptisé. Je commence à m'habituer à la nourriture, même si je ne suis pas très fan de poulpe. Il paraît que ma sœur t'en fait voir de toutes les couleurs. Tu connais Lilly. Elle finira par se calmer. Il faut juste que tu lui laisses le temps. Je sais que tu étais mal fichue et que tu dois avoir un maximum de travail, sans compter tes leçons de princesse, mais si tu as le temps de m'écrire, ça me ferait plaisir de te lire. Michael.

Après avoir pleuré pendant une demi-heure, j'ai fini par effacer le message de Michael sans lui répondre.

Parce que, franchement, je ne peux pas être amie avec lui.

C'est trop me demander.

Je préférerais avoir la peste.

Lundi 20 septembre, en français ✦✦✦

Qu'est-ce que tu lis, Mia ?

C'est rien, Tina. Juste le journal d'une de mes ancêtres.

Et ça parle d'amour ?????

Euh... non, pas vraiment. En fait, c'est un peu barbant. Dans le passage que je lis en ce moment, elle rédige une espèce de décret. Mais il ne va pas servir à grand-chose parce que tout le monde meurt de la peste.

Ça ne ressemble pas beaucoup à ce que tu lis, d'habitude !

C'est vrai. Je ne sais pas ce que j'ai depuis quelque temps.

Il s'est passé plein de choses ! Sans compter qu'on grandit tous et qu'on change. En parlant de grandir, tu as reçu ton nouvel uniforme ?

Oui. Je n'en pouvais plus de l'attendre. J'ai bien cru que j'allais suffoquer dans l'ancien. En même temps, ce n'était pas pire que les corsets qu'on obligeait mon ancêtre à porter. Au fait, tu es au courant que Lilly a vu son mystérieux copain de la boxe thaï, ce week-end ?

Non ! Qui te l'a dit ?

Euh... je ne sais plus. En tout cas, ça a l'air sérieux. Il faut que tu te renseignes sur ce garçon, Tina. Lilly risque de souffrir.

Oui, peut-être, mais je ne suis pas vraiment dans les petits papiers de Lilly, en ce moment. Je crois qu'elle me déteste parce que je continue de te parler. Tu ferais mieux de voir avec Kenny.

Tu as raison. C'est complètement dingue ! Est-ce que tu sais que, en 1669, les gens portaient en médaillon les poux qu'ils attrapaient sur leurs proches en signe d'affection ?

Berk ! Je suis bien contente que Claire's existe.

Moi aussi !

Lundi 20 septembre, en étude dirigée ✨

Franchement, je ne pensais pas que ça pouvait aller plus mal pour moi. C'est vrai, quoi. Mon petit ami me plaque, ma meilleure amie s'est mis en tête que je n'étais qu'une garce et ne veut plus m'adresser la parole. Puis un internaute anonyme crée un site sur moi et y déverse toute la haine que je lui inspire.

Ensuite, c'est Lana Weinberger qui décide de devenir ma nouvelle meilleure amie.

Attention, je ne dis pas que je n'ai pas besoin d'amis. Parce que j'en ai vraiment besoin.

Mais je ne suis pas sûre d'être prête à en avoir AUTANT qu'en ce moment.

Surtout dans la mesure où je ne rêve que d'une chose : être au fond de mon lit et y rester, si possible, jusqu'à la fin de ma vie.

Mais non. Apparemment, c'est trop demander.

Car, aujourd'hui, au réfectoire, alors que j'étais assise à la table de Tina, Boris et J.P., j'ai vu Lana et Trisha arriver et poser leurs plateaux à côté du mien.

« Quoi ! s'est exclamée Lana en voyant ce que je mangeais. Tu as pris un beignet à la saucisse de Francfort ? Est-ce que tu sais combien ça contient de calories ? Pas étonnant que tu aies grossi. Hé, mais dis-moi, tu portes les boucles d'oreilles qu'on a achetées samedi ? Elles te vont super bien. »

Et voilà. Il n'en fallait pas plus pour que je sois cataloguée.

Cataloguée comme étant une copine de Lana.

Je reconnais qu'il y a pire dans la vie. Après tout, Lana n'est pas si affreuse que ÇA, même si on a eu des différends dans le passé.

En plus, elle a un tuyau d'enfer pour arrêter de se ronger les ongles (se mettre du durcisseur d'ongles et les tremper ensuite dans de l'huile d'olive tous les soirs avant de se coucher).

Bref, Tina a dévisagé Lana avec tellement d'insistance que Trisha n'a pas pu s'empêcher de dire : « Prends une photo, ma poule, ça ne durera pas longtemps. » Mais juste après, elle a ajouté qu'elle aimait bien la façon dont Tina se mettait du khôl et demandé si ça faisait partie de sa religion.

En entendant ça, Tina a failli s'étrangler avec sa salade au thon.

Lana a ensuite voulu savoir si l'un de nous avait maths avec Schuyler.

« Il paraît que c'est impossible de comprendre ce qu'il raconte », a-t-elle précisé.

Boris n'a pas pu faire autrement que lui avouer – d'un air gêné, c'est vrai – qu'il avait cours avec lui. Et c'est comme ça qu'il s'est retrouvé à passer le restant de la pause déjeuner à aider Lana à finir ses exos pendant que Tina montrait à Trisha comment elle dessinait son trait d'eye-liner et que J.P., lui, ricanait en mangeant son chili (sans maïs).

Moi, c'est simple, je ne pensais qu'à finir de lire la traduction du journal d'Amélie Virginie. Sauf que je n'ai pas osé. Quelle image j'aurais donnée de moi ? Celle d'une fille asociale. Merci bien. Je suis déjà assez mal vue comme ça. Pas la peine de me rajouter une étiquette en plus.

À part ça, quand je suis allée rapporter mon plateau, j'ai remarqué que Lilly me jetait un regard noir.

Mais c'est peut-être parce que Lana me mettait des petites barrettes dans les cheveux et que Lilly ne supporte pas qu'on se coiffe quand on est dans le réfectoire. Je ne sais pas.

Lundi 20 septembre, en chimie ✨

J.P. veut savoir comment une simple expédition shopping avec Lana a fait de moi une fille « branchée ».

Je lui ai répondu que ce n'était pas une simple expédition shopping, mais une expédition *soutien-gorge*.

Du coup, il m'a suppliée pour que je la lui raconte *en détail*.

Mais je ne l'ai pas fait. Je suis trop occupée à lire le journal de la princesse Amélie Virginie. J'en suis au moment où oncle Francesco s'introduit dans la bibliothèque du palais et ordonne que tous les livres soient brûlés. Je suis sûre qu'il a fait ça par pure méchanceté, parce qu'il savait qu'Amélie Virginie adorait lire, et pas parce qu'il craignait qu'ils contribuent à la progression de l'épidémie.

Comme si ça ne suffisait pas, il a aussi jeté au feu les brouillons du décret qu'Amélie avait si soigneusement rédigé et signé — et devant témoins, s'il vous plaît, ce qui n'était franchement pas évident vu que les témoins se faisaient rares à ce moment-là, au palais. Amélie Virginie a eu beau lui dire que son décret ne visait que le bien-être du peuple de Genovia, il n'a rien voulu entendre. De toute façon, Amélie Virginie savait qu'il n'en avait rien à faire. Du peuple de Genovia, je veux dire. La preuve, alors que les gens tombaient comme des mouches, lui continuait d'autoriser les navires étrangers à entrer dans le port en sachant très bien qu'ils risquaient de propager la peste... et de la ramener chez eux, à leur retour.

Bref, Amélie Virginie a accusé son oncle de ne se soucier que de la livraison de l'huile d'olive. Avec lui, c'était *toujours* l'huile d'olive. Et la couronne, bien sûr.

Et qu'est-ce qu'il lui a répondu ? Il lui a répondu que brûler les livres (et les décrets) résoudrait leurs problèmes !

J'avais super envie de continuer de lire parce que ça commençait enfin à devenir intéressant, mais Kenny m'a dit que si je ne l'aidais pas pour l'expérience, je n'avais pas intérêt à me plaindre si j'avais zéro.

Résultat, je touille. Ce qui explique pourquoi je n'arrive pas à écrire correctement.

Lundi 20 septembre, à la maison

Même si je suis encore hyper déprimée et tout ça, j'avoue que j'étais assez contente de rentrer parce que :

1. j'étais dispensée de leçon de princesse ;
2. j'avais quelque chose d'excellent à lire.

Bref, je pensais, une fois de retour à la maison, ôter mon uniforme d'école, enfiler un jogging, et me mettre ensuite au lit avec l'intention de finir les aventures de mon ancêtre.

Sauf que ma joie (bon, petite joie) a été de courte

durée parce que quand je suis entrée dans le salon, j'ai trouvé Mr. G. assis à la table avec tous les cours que j'avais manqués la semaine dernière devant lui.

« Assieds-toi », m'a-t-il dit en m'indiquant une chaise.

Du coup, je me suis assise.

On est en train de rattraper tous mes devoirs. Matière par matière.

Il n'y a pas de justice.

Lundi 20 septembre, 11 heures du soir, à la maison 🌟

Qu'est-ce que je suis fatiguée ! Et on n'en est qu'à la moitié des devoirs.

À quoi ça sert de nous donner autant de travail, hein ? Les professeurs ne savent-ils pas qu'en nous assommant d'exercices et de leçons, ils risquent de briser nos esprits déjà fragiles ? Est-ce là ce que veut le pouvoir en place ? Une génération d'âmes blessées et brisées ?

Pas étonnant qu'autant de jeunes s'adonnent à la drogue. Je le ferais moi aussi, si je n'étais pas aussi fatiguée. Et si je savais où en trouver.

Bref, pour en revenir au journal d'Amélie Virginie, oncle Francesco n'a pas apprécié, semble-t-il, que sa nièce lui dise qu'il n'en avait rien à faire du peuple de Genovia. Du coup, il lui a rétorqué que si elle, elle se souciait du peuple de Genovia, elle s'effacerait et le laisserait gouverner. Parce qu'elle n'était qu'une gamine et n'avait aucune idée de ce qu'elle faisait.

!!!!!!!!!!!!!!!!!!!!!!!!!!!!

J'imagine qu'Amélie Virginie savait très bien ce qu'elle faisait car elle a rédigé un AUTRE décret – pour fermer toutes les routes et le port de Genovia. Plus personne n'avait le droit d'entrer dans le pays ou d'en sortir. Elle a fait ça, parce qu'elle estimait que c'était une mesure bien plus utile pour enrayer l'épidémie que brûler les livres.

Ha ! Bien fait, Francesco !

Elle a fait venir aussi les meilleures souricières du pays au palais parce qu'elle avait remarqué que l'épidémie ne s'était pas propagée là où il y avait des chats – comme au couvent, où elle avait dû laisser Agnès-Claire.

Pour une fille qui vivait au milieu du XVIIe siècle, à une époque donc où on ne savait pas ce qu'étaient les microbes, je trouve qu'Amélie Virginie était plutôt intelligente.

Oh, et puis, elle a mis son oncle à la porte du palais.

Ouah. Moi qui pensais que MA famille n'était pas normale.

*Mardi 21 septembre,
cours sur l'introduction à l'écriture* ✨

Apparemment, les membres de ma famille ne sont pas les seuls à comploter contre moi. J'étais à peine entrée au lycée aujourd'hui que la principale m'a appelée et m'a fait signe de la suivre dans son bureau. On s'est regardés d'un air paniqué, Lars et moi, bien que je ne voie pas du tout ce qu'on avait pu faire.

Ou plutôt ce que moi, j'avais fait. Est-ce que la principale Gupta avait découvert que c'était moi qui avais tiré sur l'alarme d'incendie alors qu'il n'y avait pas de feu ? Mais c'était il y a des années !

En même temps, ça leur prend peut-être autant de temps pour visionner toutes les cassettes des caméras de surveillance installées dans les couloirs du lycée...

En fait, ça n'avait rien à voir avec tout ça.

La principale m'a convoquée pour me confisquer mon journal.

Du coup, je suis en train d'écrire sur mon cahier de chimie.

La principale m'a dit : « Mia, je comprends que tu vives des moments difficiles en ce moment. Mais tes notes ont terriblement baissé. Tu es au lycée. Bientôt, les universités consulteront tes livrets scolaires. »

J'ai failli lui rappeler ce que tout le monde sait, elle y comprise, à savoir que je peux aller dans n'importe quelle université de mon choix. Parce que je suis princesse. J'aurais préféré qu'il n'en soit pas ainsi, croyez-moi. Mais je n'y peux rien. C'est comme ça. Même Trisha le sait.

« Mrs. Potts m'a rapporté que tu écrivais ton journal l'autre jour pendant son cours, a continué la principale Gupta. Ça ne peut pas durer. Tu ne peux pas t'attendre à ce qu'on te laisse négliger tes études sous prétexte que tu es une petite célébrité, Mia. »

Ce n'était vraiment pas juste ! Jamais je n'ai cherché à négliger mes études sous prétexte que j'étais une célébrité, même petite !

« J'aimerais donc qu'à l'avenir, tu considères qu'il est *verboten* de tenir ton journal en cours, a déclaré la principale. Je vais le garder ici – ne t'inquiète pas, je ne le lirai pas –, jusqu'à la fin de la journée. Tu pourras alors le récupérer. Et je te prierai de ne PAS le rapporter demain. Est-ce bien compris ? »

Que pouvais-je répondre à ça ?

La principale n'avait… pas tout à fait tort. Histoire de s'assurer que je ne récidive pas, elle a demandé à tous mes profs de me confisquer les feuilles sur lesquelles ils me verraient écrire. En ce moment Mrs. Martinez pense que j'écris sur le sujet qu'elle vient de nous donner. On doit décrire un moment qui nous a particulièrement émus.

Vous savez quel moment m'a particulièrement émue ?

C'est quand la principale a enfermé mon journal dans le coffre du lycée. J'avais l'impression qu'on m'éventrait avec un Bic.

Mardi 21 septembre, en anglais ✨

Mais… où est ton journal, Mia ?

Fiche-moi la paix.

Oh ! Excuse-moi.

Non, excuse-moi, Tina. Je suis désolée. La principale m'a confisqué mon journal à cause de mes notes.

Quoi ? Mais c'est horrible !

Elle n'y est pour rien. Tout est ma faute. Je ne suis pas censée non plus passer de petits mots pendant les cours. Les profs ont pour ordre de me prendre toutes les feuilles sur lesquelles ils me verraient écrire et qui n'ont aucun rapport avec leur matière. On a intérêt à faire attention.

Ne t'inquiète pas. Au fait, tu ne trouves pas que c'était un peu bizarre, hier, au réfectoire ? Je ne savais pas que Lana et toi, vous étiez devenues de si grandes amies ! Comment ça s'est passé ? Ça ne t'embête pas que je te pose la question, dis ?

Pas du tout. J'aurais dû t'en parler avant, mais... je n'osais pas. Elle n'a pas été très sympa avec toi les années passées et j'avais peur que tu me détestes.

Mia ! Jamais je ne te détesterai. Tu le sais bien !

Merci, Tina. Tu es bien la seule.

De quoi tu parles ? Personne ne te déteste !

Eh bien... si. Des tas de gens, même. Comme Lilly, par exemple.

C'est vrai. Mais tu sais pourquoi Lilly te déteste.

Oui, je connais ta théorie sur J.P. Sauf

qu'elle est fausse. Bref, je suis censée faire un discours à une soirée de bienfaisance qu'organise la mère de Lana, et une chose en a amené une autre, et... Lana n'est pas si méchante, tu sais. Enfin, si, elle l'est, mais pas tant que ça. En tout cas, pas autant qu'on le pensait. Tu comprends ce que je veux dire ?

Je crois, oui. Du moins, quand elle dit un truc vache, on a l'impression que c'est parce qu'elle ne sait pas quoi dire d'autre.

Un peu comme Lindsay Lohan.

Exactement ! Mais bon, je ne suis pas sûre que Lilly apprécie.

Qu'est-ce que tu veux dire ? Lilly a dit quelque chose sur moi ?

Il faut d'abord que tu saches qu'elle ne m'adresse plus la parole parce que je suis restée ton amie. Du coup, elle ne m'a rien dit à moi mais je l'ai vue te lancer des regards noirs quand on était au réfectoire.

Oui. Je les ai vus aussi. Je...

Je ne passerai plus de petits mots pendant les cours.

Je ne passerai plus de petits mots pendant les cours.

Je ne passerai plus de petits mots pendant les cours.

Je ne passerai plus de petits mots pendant les cours.

Je ne passerai plus de petits mots pendant les cours.

Je ne passerai plus de petits mots pendant les cours.

Je ne passerai plus de petits mots pendant les cours.

Je ne passerai plus de petits mots pendant les cours.

Je ne passerai plus de petits mots pendant les cours.

Je ne passerai plus de petits mots pendant les cours.

Je ne passerai plus de petits mots pendant les cours.

Je ne passerai plus de petits mots pendant les cours.

Je ne passerai plus de petits mots pendant les cours.

Je ne passerai plus de petits mots pendant les cours.

Je ne passerai plus de petits mots pendant les cours.

Je ne passerai plus de petits mots pendant les cours.

Je ne passerai plus de petits mots pendant les cours.

Je ne passerai plus de petits mots pendant les cours.

Je ne passerai plus de petits mots pendant les cours.

Mardi 21 septembre, pendant le déjeuner

Je me suis confondue en excuses auprès de Tina. À cause de moi, elle s'est fait attraper par la prof d'anglais. Heureusement qu'elle n'a pas lu à voix haute nos petits mots.

Tina est trop gentille. Elle n'arrête pas de me dire que ce n'est pas grave.

SI, c'est grave. Je n'arrive pas à croire que j'entraîne mes amies au fond du trou avec moi maintenant. Il faut que ça CESSE.

En tout cas, ils ne peuvent pas m'empêcher d'écrire pendant le DÉJEUNER. Même si je le fais dans mon cahier de chimie.

Cela dit, ce n'est pas évident d'écrire avec Lana à côté. Toutes les deux minutes, elle me donne un coup de coude et revient sur les propos de la principale.

« Quoi ? Elle t'a raconté que tu devais travailler plus pour être acceptée dans une bonne université ? Laisse tomber et inscris-toi plutôt dans l'équipe des pom-pom girls. Sérieux. On ne fait rien à part chanter et danser, et vendre des gâteaux tous les mois ! Sinon, tu peux aussi faire partie du Club d'espagnol ! Là, on se contente de regarder des films en V.O., comme celui avec ces types super sexy qui organisent des combats de boxe. Sauf qu'on ne l'a pas vraiment regardé, Trisha et moi, vu que les gars étaient vraiment trop top. On l'a vu après, chez moi, histoire d'avoir des points supplémentaires pour notre moyenne. Ou alors, viens avec nous au Club de danse. On organise le bal de fin d'année en ce moment ! Ça va être très rock. On cherche un groupe pour remplacer le D.J. Tu peux aussi faire du tutorat. Si tu voyais la petite seconde dont je m'occupe. Elle est trop mignonne ! Je lui ai montré comment se maquiller sans trop mettre de fard à paupières. »

Du coup, j'ai dû expliquer à Lana que mon emploi du temps était déjà assez chargé comme ça, entre mes leçons de princesse, et le journal du lycée.

« O.K., a-t-elle dit avant d'ajouter : Au fait, qu'est-ce que tu penses d'un vernis à paillettes ? Pour mes ongles ? Tu crois que ça serait too much ? »

Quand ma vie a-t-elle basculé ainsi ?

Ah oui, je me souviens ! Le jour où mon ex-petit ami m'a plaquée et que j'ai perdu goût à tout.

Mardi 21 septembre, en étude dirigée ✦

Ils n'ont pas le droit de m'interdire d'écrire en étude dirigée parce que :

A) personne ne sait ce que je fabrique ici vu que cette heure est réservée aux élèves particulièrement doués qui veulent progresser sur l'un ou l'autre de leur projet personnel, et que je n'ai aucun don, et

B) Mrs. Hill, qui est censée nous surveiller, n'est même pas là. Il doit y avoir une vente aux enchères sur e-Bay, ou alors, elle fait la sieste dans la salle des profs.

Quoi qu'il en soit, il vient de se passer un truc INCROYABLE.

Après déjeuner, alors que j'étais dans les toilettes où je me lavais les mains, Lilly est sortie de l'une des cabines et s'est lavé les mains juste à côté de moi.

Mais sans me regarder une seule fois ! À croire que je n'existais pas.

Je ne sais pas ce qui m'a pris à ce moment-là, mais j'ai craqué. J'ai fermé le robinet, j'ai pris une serviette en papier et, tout en m'essuyant les mains, j'ai FAILLI dire :

« Lilly, tu peux continuer à m'ignorer de la sorte, mais ça ne changera rien au fait que tu te trompes. JE NE SUIS PAS RESPONSABLE de ta rupture avec J.P. et JE NE SORS PAS avec lui. On est JUSTE amis. Je n'arrive pas à croire qu'après tout ce qu'on a vécu, toutes les deux, tu puisses penser ça de moi. Par ailleurs, tu sais que c'est ton frère que j'aime, même si on a décidé de redevenir amis. »

Mais je n'ai rien dit de tout cela.

Je n'ai rien dit du tout.

Car pourquoi aurais-je dit quelque chose ? Pourquoi aurais-je fait le premier pas alors que je n'ai rien à me reprocher ? C'est *elle* qui me bat froid quand *ma* vie n'est que souffrance. Ne lui est-il jamais venu à l'esprit que je pouvais avoir besoin d'une amie, là, maintenant ? Que ce n'était pas le meilleur moment pour me laisser tomber ?

Apparemment non. Pire, il semble que chaque fois que je traverse une crise personnelle – quand j'ai découvert que j'étais princesse ; quand son frère me quitte –, Lilly me tourne le dos.

Elle a dû deviner cependant que j'avais l'intention de lui parler parce qu'elle m'a jeté un regard mauvais avant de fermer le robinet, de tirer une serviette en papier du distributeur puis de la jeter à la poubelle – comme elle avait jeté à la poubelle notre amitié –, et enfin de sortir des toilettes sans un mot.

J'ai failli lui courir après. Sérieux. J'ai failli la rattraper pour lui dire que quoi que j'aie fait, j'étais désolée, que j'étais un monstre mais que je me faisais aider. J'étais à deux doigts de lui avouer que j'étais en thérapie et de lui lancer : « Tu es contente, maintenant ? C'est toi qui m'as envoyée chez le psy ! »

Mais, un, c'est faux. Je ne suis pas en thérapie à cause de Lilly ou de Michael ou de qui que ce soit. Je suis en thérapie à cause du Trou.

Et deux, il me reste encore *un peu* de fierté. Hé ho. Je n'allais tout de même pas lui donner cette satisfaction.

Et puis, si elle allait raconter ça à Michael ? Il penserait alors que je suis tellement bouleversée par notre rupture que j'ai des idées suicidaires.

Ce qui n'est *pas* le cas.

Je suis triste. Même le Dr de Bloch le dit.

Je suis *juste* triste.

Bref, je l'ai laissée sortir. Sans lui adresser la parole.

Et maintenant, je suis là, en étude dirigée, et je la regarde parler au téléphone avec Yan au sujet de leur projet d'antennes relais.

Vous savez quoi ? Je ne suis même pas sûre de vouloir être de nouveau son amie. Honnêtement, Lana Weinberger est MILLE fois mieux comme amie. Au moins, avec Lana, on sait à quoi s'en tenir. O.K., Lana est égocentrique et superficielle. Mais elle n'essaie pas de prétendre le contraire. Comme certaines personnes dont je tairai le nom.

C'est dingue TOUT ce que je vais avoir à raconter à mon prochain rendez-vous chez le Dr de Bloch.

Mardi 21 septembre, 4 heures de l'après-midi, chez Chanel ✨

Quand je suis allée rechercher mon journal dans le bureau de la principale Gupta, elle m'a dit : « Mia, parlons un peu », d'un air plus qu'éloquent.

Du coup, je me suis assise et je l'ai écoutée m'expliquer à quel point elle était triste qu'une fille aussi brillante que moi et avec tellement de possibilités ne fasse plus partie du comité des délégués de classe ou ne participe pas à plus d'activités extrascolaires. Les universités ne prennent pas uniquement en compte les notes et les appréciations des professeurs, a-t-elle continué. Ils aiment aussi que les étudiants qui souhaitent intégrer leur établissement aient d'autres intérêts que scolaires.

Lana avait tellement raison. Holà.

« Je fais partie du journal du lycée, ai-je dit sans grande conviction.

— Mia, tu n'es pas allée à une seule réunion de rédaction ce trimestre », a rétorqué la principale.

Zut. J'espérais qu'elle ne s'en était pas rendu compte.

« J'ai eu des… des petits problèmes, me suis-je défendue.

— Je suis au courant », a répondu la principale.

Derrière ses lunettes, son regard était bienveillant. Pour une fois.

« La vie n'a pas été très clémente avec toi, Mia, c'est vrai. Mais tu ne peux pas tout arrêter à cause d'un garçon. »

J'ai cligné des yeux plusieurs fois, horrifiée. Même si c'était vrai, je n'en revenais pas qu'*elle* me dise ça.

« Ce… ce n'est pas… ce n'est pas ce que je fais, ai-je bafouillé. Et ça n'a rien à voir avec Michael. Enfin, bien sûr, je suis triste, mais il n'y a pas que ça.

— Ce qui me gêne, Mia, a poursuivi la principale, c'est que tu sembles avoir rompu avec tes anciens amis aussi. J'ai remarqué que tu ne déjeunais plus à la table de Lilly Moscovitz.

— C'est *elle* qui ne veut plus manger avec moi ! me suis-je exclamée.

— Et j'ai remarqué que tu passais beaucoup de temps avec Lana Weinberger », a-t-elle ajouté.

À ce moment-là, elle pinçait tellement les lèvres qu'elle m'a fait penser à ma mère quand elle est en colère.

« Bien que cela me fasse plaisir de voir que Lana et toi, vous ne vous disputez plus, je ne peux pas m'empêcher de me demander si tu partages beaucoup de choses avec elle… »

Maintenant que j'ai de la poitrine, oui. Parce que Lana sait TOUT sur les poitrines et la façon de les mettre en valeur.

« Je suis très touchée par l'intérêt que vous me portez, mais je crois que vous oubliez quelque chose », ai-je déclaré.

La principale Gupta m'a regardée avec une note d'espoir dans les yeux.

« Oui ? a-t-elle fait.

— Je suis princesse, ai-je dit. Ce qui signifie que je peux intégrer l'université de mon choix car les universités veulent pouvoir se vanter d'avoir parmi leurs étudiants une fille qui sera un jour à la tête d'un pays. Peu importe alors que je fasse partie du Club d'espagnol ou de l'équipe des pom-pom girls. Mais – j'ai agité mon journal sous ses yeux – merci de votre sollicitude. »

Là-dessus, je suis sortie. J'avais à peine fait un pas que mon téléphone portable a sonné : c'était Grand-Mère qui cherchait à me joindre.

Super. Ma journée ne pouvait pas mieux continuer.

« Amelia ! a chantonné Grand-Mère à l'autre bout du fil. Que fais-tu ? Je T'ATTENDS.

— Grand-Mère ? ai-je fait. Que veux-tu dire ? Nos leçons de princesse sont annulées, cette semaine, tu ne te souviens pas ?

— Je le sais bien, a répondu Grand-Mère. Je t'attends devant le lycée pour t'emmener chez Chanel. On doit te trouver une tenue pour le gala de vendredi. Tu te rappelles ? »

Non, je ne me rappelais pas. Mais qu'est-ce que j'avais comme choix ? Aucun.

Du coup, je suis chez Chanel avec Grand-Mère.

Le personnel de la boutique est tout excité à cause de mes nouvelles mensurations. Mais c'est essentiellement parce qu'ils n'ont plus besoin de reprendre les robes que Grand-Mère choisit pour moi.

Le tailleur sur lequel elle a jeté son dévolu aujourd'hui est en fait assez joli. *Et* il est noir ! (Grand-Mère a enfin accepté que je porte du noir.)

« Ton premier tailleur Chanel, n'arrête-t-elle pas de murmurer en soupirant. Comme le temps passe. Je te revois encore avec tes genoux écorchés et ne sachant pas tenir un couteau à poisson ! Regarde-toi, maintenant. Quelle POITRINE ! »

N'importe quoi. Je n'ai jamais eu les genoux écorchés.

Grand-Mère m'a ensuite donné le discours qu'elle avait écrit pour moi. Le discours que je dois lire au gala de bienfaisance. Apparemment, elle a abandonné l'idée que je l'écrive moi-même. Elle a embauché quelqu'un qui écrit des discours présidentiels, et lui a demandé de me concocter un petit texte de vingt minutes sur le système d'écoulement des eaux à Genovia.

Grand-Mère veut que je l'apprenne par cœur pour que ça fasse plus « spontané ».

Heureusement, je peux lire pendant qu'ils me mettent des épingles pour les retouches de mon tailleur (finalement, il en faut un peu).

Sauf que ce n'est pas le discours de Grand-Mère que je lis. Grand-Mère est allée se chercher une robe pour le gala, vu qu'elle a été invitée. Elle me sert de « chaperon ». La vérité, c'est qu'elle espère qu'on nous proposera à TOUTES LES DEUX de faire partie du Domina Rei.

Ce qui ne serait pas plus mal. Comme ça, je pourrais dire à la principale Gupta que j'ai une activité extrascolaire à mettre dans mon dossier. Je suis sûre qu'elle sera ravie.

Bref, c'est le journal d'Amélie Virginie que je lis. J'en suis au moment où Amélie Virginie a mis son oncle à la porte du palais. Mais comme il n'y avait plus de gardes, puisqu'ils étaient tous morts de la peste, Francesco revient et explique à Amélie Virginie qu'elle perd énormément d'argent en n'autorisant pas les navires exportateurs d'huile d'olive à quitter le port. Et en n'exigeant pas non plus que le peuple continue de payer la dîme, même si les gens n'avaient plus d'argent, vu qu'ils succombaient tous à la peste et ne pouvaient pas travailler.

Mais oncle Francesco s'en fichait. Il persistait à dire à Amélie Virginie qu'elle ne savait pas ce qu'elle faisait parce qu'elle n'était qu'une gamine, et qu'elle allait ruiner la famille royale des Renaldo et finirait par passer pour la pire des souveraines de toute l'histoire de Genovia.

Ce qui est drôle, c'est que c'est LUI qui passe aujourd'hui pour avoir été le pire des souverains de Genovia.

Du coup, Amélie Virginie dit à son oncle de la lâcher. En agissant comme elle le faisait, elle sauvait des vies, et c'est tout ce qui l'intéressait.

Effectivement, on rapportait moins de cas de décès.

Sauf que c'était trop tard pour Amélie Virginie. En voyant un jour une pustule à la surface de sa peau, elle comprend qu'elle est atteinte de la peste.

Elle décide cependant de ne rien dire à son oncle parce qu'elle sait qu'à sa mort, il obtiendra ce qu'il veut : le trône. Il s'en fichait bien qu'il n'y ait plus personne sur qui régner. Il ne voulait que l'argent.

Et la couronne d'Amélie Virginie.

Qu'elle n'était pas prête à lui céder tout de suite.

Parce qu'elle avait encore une chose à faire.

Zut. Grand-Mère est de retour. Et comme ELLE N'ARRÊTE PAS DE PARLER, JE NE PEUX SAVOIR CE QUE C'EST !

Mercredi 22 septembre, 1 heure du matin, à la maison ✦✦✦

Oh, non ! La princesse Amélie Virginie est morte !

Bon d'accord, elle savait qu'elle était malade.

Et elle savait, évidemment, qu'elle allait mourir.

Mais c'est tellement triste. La pauvre, elle était toute seule ! Il n'y avait personne près d'elle pour recueillir son dernier souffle et lui tendre un Kleenex vu qu'ils étaient déjà tous morts (sauf son oncle, mais il s'était bien gardé de la veiller pour ne pas être contaminé).

Et puis, il n'y avait pas de Kleenex à l'époque.

Mais c'est tellement injuste.

Non qu'il n'y ait pas de Kleenex. Mais qu'elle soit seule.

Je n'arrête pas de pleurer. Ce qui ne m'arrange vraiment pas dans la mesure où je dois me lever demain matin pour aller en cours. Ne me demandez pas pourquoi. Et ce n'est pas comme si je n'étais pas déprimée. Vous savez quoi ? J'ai l'impression

232

d'être tombée encore plus profondément au fond de ce trou.

À quoi bon continuer ? C'est vrai, quoi. Regardons les choses en face :

On naît.

On vit pendant un petit moment.

Et puis, on meurt, notre oncle monte sur le trône, brûle toutes nos affaires et fait tout ce qui est en son pouvoir pour rendre illégitimes les douze jours qu'on a passés à régner, en étant, en gros, le prince qui craint le plus de tous les temps.

Mais heureusement qu'Amélie Virginie a réussi à sauver son journal intime. Elle note, en effet, à la dernière page, qu'elle a l'intention de l'envoyer, en même temps que son petit portrait, au couvent où elle a été si heureuse et où elle sait qu'il sera en sécurité. Les sœurs, écrit-elle, « sauront quoi en faire ».

Il y a autre chose qu'elle est parvenue à sauver également – mis à part Agnès-Claire qui, à mon avis, a dû mourir heureuse au milieu des souris de l'abbaye où les effets personnels de sa maîtresse avaient fini par atterrir pour être renvoyés au palais par les sœurs, comme le souhaitait Amélie Virginie, et ensuite du palais au Parlement qui... les a tout simplement ignorés.

Mais j'imagine que le Parlement les a ignorés

parce que ses membres estimaient que ce qu'une jeune fille de seize ans a à dire n'avait aucune importance.

Sans compter qu'oncle Francesco ne leur rendait pas la vie facile avec toutes ses dépenses. Du coup, ils n'avaient sans doute pas le temps de rentrer chez eux pour lire le journal d'une princesse morte.

Bref, l'autre chose qu'Amélie Virginie a réussi à sauver, c'était la dernière copie du décret qu'elle avait rédigé et signé devant témoins. Elle écrit dans son journal qu'elle a caché le parchemin « près de mon cœur où un prince ou une princesse plus tard le trouvera et fera ce qui est juste. »

Sauf que, quand on meurt de la peste, ce n'est pas une très bonne idée de cacher quelque chose près de son cœur.

Parce que votre oncle brûle votre cadavre sur un bûcher funéraire.

Mercredi 22 septembre, en étude dirigée ✦

Lana a lâché une arme de destruction massive sur la table du réfectoire. Elle l'a lâchée puis a haussé les épaules, comme si ce n'était rien du tout. C'est sa façon de faire, visiblement.

« Alors, ça fait depuis quand que ça dure ? » a-t-elle demandé en pointant du doigt la table où Lilly déjeunait avec Kenny Showalter et sa bande.

J'ai regardé dans la direction qu'elle indiquait et j'ai répondu :

« Oh ! Lilly ne me parle plus pour plusieurs raisons. Tout d'abord, elle pense que c'est à cause de moi que J.P. l'a plaquée…

— Hé ! a protesté J.P. Je ne l'ai pas plaquée ! Je lui ai dit qu'il valait peut-être mieux qu'on soit juste amis.

— Oui, c'est très à la mode en ce moment, ai-je fait remarquer. Et deuxièmement, Lilly m'en veut parce que j'ai refusé de me présenter à la présidence du comité des délégués de classe. Même si c'est *elle*, et pas moi, qui voulait être présidente. Et troisiè-mement, elle…

— Je ne te demandais pas depuis combien de temps vous ne vous parlez plus, a déclaré Lana en roulant des yeux. Mais depuis combien de temps La Perche et elle crachent dans le bénitier ? »

Parfois, ce n'est pas évident de comprendre Lana parce qu'elle utilise un argot que personne à notre table ne connaît (à part Trisha Hayes et Shameeka, qui est de nouveau dans notre camp).

« La Perche ? ai-je répété.

— Cracher dans le bénitier ? » a ajouté Tina.

Lana a de nouveau roulé des yeux et dit :

« Depuis combien de temps Lilly Moscovitz couche avec Mr. Géo Trouvetou ? »

J'ai lâché mon toast à la viande et au fromage.

« QUOI ? ai-je hurlé. Tu parles de Lilly et de *Kenny* ? »

Lana a battu des cils qu'elle avait largement allongés avec du mascara et a fait :

« Évidemment. Je t'ai dit que je les avais vus se lécher devant Around the Clock samedi dernier.

— Tu m'as dit que tu avais vu Lilly et un NINJA, ai-je corrigé. Pas KENNY. Kenny Showalter n'est pas un ninja.

— C'est vrai, a concédé Lana en mordant dans son roulé au thon et à l'avocat, qu'elle se fait spécialement livrer tous les jours à la cafétéria du lycée puisqu'ils ne servent pas de sushis. Mais c'est lui que j'ai vu.

— Exact, a renchéri Trisha. Je reconnaîtrais sa pomme d'Adam à des lieues à la ronde. Elle n'arrêtait pas de monter et de descendre. »

On a échangé un regard horrifié, Tina et moi. Puis Tina s'est tournée vers Boris d'un air accusateur et a dit :

« Boris, est-ce que le garçon avec qui Lilly est sortie le soir de sa fête était KENNY ? »

Boris a paru gêné et a répondu :

« Difficile à dire, a-t-il murmuré. Il me tournait

le dos. Et tous ces types qui font de la boxe thaï se ressemblent une fois qu'ils retirent leurs chemises.

— Boris ! s'est écriée Tina. C'était Kenny ! Tu as fait de la peine à Mia pour rien en lui disant que Lilly sortait avec un inconnu sous prétexte qu'elle était trop désespérée parce que J.P. l'avait plaquée alors que, en réalité, il s'agissait de Kenny !

— Je ne l'ai pas plaquée », a insisté J.P.

Boris a alors lâché un long soupir.

« Qu'est-ce qu'on en a à faire ? a-t-il dit. Et quand les choses vont-elles redevenir *normales* ? »

Au moment où il a prononcé le mot *normal*, il a jeté un coup d'œil à Lana et à Trisha.

Mais personne, bien sûr, ne l'a remarqué. Sauf J.P., qui m'a souri. J.P. a vraiment un très joli sourire.

Non que cela ait quoi que ce soit à voir avec ce qui se passait alors.

Bref, au début j'ai pensé que Lilly pouvait complètement immobiliser Kenny en serrant son cou entre ses cuisses, comme Daryl Hannah dans *Blade Runner*. Et puis, je me suis rappelé qu'il faisait de la muscu avec ses copains de la boxe thaï.

Du coup, je suis heureuse pour elle. Sérieux. Si elle est heureuse, je suis heureuse.

Mais… KENNY SHOWALTER ??????????

Mercredi 22 septembre, en chimie ✦✦

Je m'en fiche si je n'ai pas le droit d'écrire mon journal en cours : je n'en peux plus. J'ai BESOIN de savoir ce qui se passe vraiment entre Kenny et Lilly.

Du coup, j'ai demandé à Kenny :

« Kenny, c'est vrai que Lilly et toi, vous sortez ensemble ? Parce que si c'est le cas, je trouve que vous formez un couple formidable. »

N'importe quoi. Mais depuis quand je dis la vérité ????

Apparemment, Kenny n'a pas apprécié ma remarque, même gentille, parce qu'il a répondu :

« Mia, excuse-moi, mais je suis en pleine neutralisation de l'acide !

— O.K., ai-je fait. Désolée. Je n'ai rien dit. »

Et je suis retournée à ma place pour écrire.

Une seconde plus tard, J.P. est arrivé et s'est assis à côté de moi.

« Alors ? Est-ce que je suis au-dessus de tout soupçon, maintenant ? a-t-il demandé.

— Par rapport à quoi ? ai-je dit.

— Par rapport au fait que j'ai brisé le cœur de Lilly, a répondu J.P. Elle a réappris à aimer, comme dirait Tina, non ? »

J'ai éclaté de rire et j'ai fait :

« J.P., je ne t'en ai jamais voulu pour ce qui s'est passé entre Lilly et toi. Tu n'y peux rien si tu n'éprouvais pas les mêmes sentiments qu'elle. »

En même temps, il aurait pu le lui faire comprendre plus tôt au lieu de la laisser espérer. Mais ça, je l'ai gardé pour moi.

« Je suis content que tu penses ça, Mia, a déclaré J.P. Parce qu'il y a quelque chose que je veux te dire depuis longtemps, sauf que chaque fois que je m'apprête à le faire, je suis interrompu. C'est pourquoi, j'ai décidé de te le dire maintenant, même si ce n'est pas le meilleur moment, et .... »

Mercredi 22 septembre,
sur le trottoir devant le lycée 🌟

Ce n'est pas possible.
Non, ce n'est pas possible.
J.P. est amoureux de moi.
Et le lycée a explosé.

Mercredi 22 septembre,
aux urgences de l'hôpital Lenox Hill ✨

Pour être franche, je ne sais pas quoi raconter en premier.

Qu'est-ce qui est le plus troublant : que J.P. m'avoue qu'il est amoureux de moi ou qu'on a tous failli mourir à cause de l'expérience que Kenny menait et pour laquelle il essayait de recréer – à notre insu – une substance utilisée pendant la Seconde Guerre mondiale pour les grenades à main ?

En plus, ce n'est même pas ce qu'on était censés faire ! Mr. Hipskin n'était pas au courant parce que Kenny lui avait dit qu'on essayait de fabriquer du nitrate de cellulose, qui est un plastique qu'on utilise dans la fabrication du papier et des films photographiques.

Mais pas du nitrate d'amidon, qui est un EXPLOSIF !

L'infirmière des urgences n'arrête pas de m'assurer que les sourcils de Kenny vont repousser.

J'ai eu plus de chance que lui. En fait, je suis ici contre mon gré, puisque je n'ai rien. Je suis sûre qu'on m'a conduite aux urgences pour éviter un procès. J'ai juste été sonnée par l'explosion, parce qu'avant la déflagration, quand Kenny a hurlé :

240

« Couchez-vous par terre ! », J.P. m'a poussée de mon tabouret et s'est allongé sur moi et a reçu tous les débris à ma place.

Et ça, c'était juste après qu'il m'a dit : « Parce qu'il y a quelque chose que je veux te dire depuis longtemps, sauf que chaque fois que je m'apprête à le faire, je suis interrompu. C'est pourquoi, j'ai décidé de te le dire maintenant, même si ce n'est pas le meilleur moment, et même si ça va te faire flipper, parce que c'est comme ça que tu réagis. Maintenant, pose ton stylo, Mia, et inspire profondément. »

Il a alors plongé ses yeux bleus dans mes yeux gris et m'a dit, sans me quitter un seul instant du regard, et de façon hyper intense : « Je t'aime, Mia. Je sais que jusqu'à présent, on était juste des amis, et de bons amis, mais je veux plus. Et je crois que toi aussi. »

Il avait à peine fini de parler que Kenny nous a crié de nous coucher par terre. Et c'est là que J.P. s'est jeté sur moi.

Heureusement pour J.P., Lars a AUSSITÔT bondi vers l'extincteur — histoire, sans doute, de compenser le fait qu'*il* ne s'était pas jeté sur moi, ce qui est son boulot après tout, et pas celui de J.P. — et a éteint le début d'incendie qui commençait à s'attaquer au pull de J.P. Mais comme nos uniformes sont en fibres synthétiques qui résistent aux flammes, J.P. n'a pas été brûlé.

Mais on a tous dû sortir à toute vitesse à cause des nuages de vapeur de dioxyde d'azote qui envahissaient la salle de chimie. Et pas que la salle de chimie d'ailleurs. Toute l'école.

Heureusement qu'il ne faisait pas trop froid (grâce à un front froid qui vient du Canada, il fait particulièrement doux pour un mois de septembre), parce qu'aucun de nous n'avait de manteau ou de blouson.

L'une des infirmières vient de nous annoncer qu'on parle de l'explosion sur New York One – on nous voit devant le lycée avec les camions de pompiers et les ambulances, gyrophares allumés et tout.

Mais on n'est que trois à avoir été conduits à l'hôpital : J.P., Kenny et moi.

La principale s'est précipitée vers moi juste avant que les portes de l'ambulance se ferment et m'a dit : « Mia, je veux que tu saches que je ferai toute la lumière sur cette affaire. Kenny Showalter ne s'en tirera pas comme ça. Je veillerai à ce qu'il soit puni... »

Je m'apprêtais à lui faire remarquer que ne plus avoir de sourcils était une punition suffisante, mais la principale Gupta se dirigeait déjà vers l'ambulance dans laquelle se trouvait J.P. pour lui dire la même chose.

Ce qui est une preuve d'intelligence de sa part car j'ai entendu dire que le père de J.P. est SUPER procédurier.

C'est curieux, mais personne n'a relevé que J.P. et moi, qui sommes quand même les partenaires de paillasse de Kenny, on n'a rien fait pour l'empêcher de faire exploser le lycée. En même temps, vu qu'on est aussi nul l'un que l'autre en chimie, je ne vois pas très bien ce qu'on aurait pu faire. À vrai dire, on ne savait même pas ce qu'il trafiquait.

Bien sûr, Kenny n'arrête pas de répéter qu'il n'a jamais eu l'intention de détruire la salle de chimie du lycée. Il voulait seulement trouver comment faire la synthèse du nitrate d'amidon et ne comprend pas pourquoi il a perdu le contrôle de sa manipulation. Il dit que tout se passait très bien jusqu'à ce que ça… explose.

Personnellement, je dois avouer que je ne suis pas mécontente que Kenny ait raté son expérience. Parce que, grâce à lui, je n'ai pas eu à répondre à la déclaration d'amour de J.P.

Très franchement, j'ai du mal à y croire. C'est vrai, quoi. Il y a deux semaines encore, il sortait avec Lilly.

Bon d'accord, ils avaient quelques problèmes. Par

exemple, Lilly était super déçue que J.P. ne lui ait jamais répondu « Moi aussi » quand elle lui disait qu'elle l'aimait.

Mais il l'a expliqué. Il a expliqué qu'il n'avait jamais éprouvé les mêmes sentiments à son égard et que c'est pour ça qu'il avait préféré rompre, parce qu'il s'était aperçu que ce n'était pas juste pour elle. Et je trouve qu'il a eu raison... même si Lilly le déteste maintenant.

Et me déteste d'être toujours amie avec lui.

Mais ça ne veut pas dire — malgré la théorie complètement farfelue de Tina selon laquelle c'est moi, et non Lilly, que J.P. a toujours aimée — qu'il était amoureux de moi pendant tout ce temps. En fait, J.P. m'a dit — tandis que Lars éteignait les flammes sur son dos — que ses sentiments pour moi avaient grandi de jour en jour, et qu'il ne s'était décidé à me les avouer que parce qu'il ne supportait pas de me voir si triste à cause de Michael.

« J.P., ai-je déclaré alors en haletant, tellement j'étais sonnée. Et parce que j'avais du mal à respirer aussi avec toute cette fumée. On peut en parler plus tard ?

— PRINCESSE, SAUVEZ-VOUS ! » a hurlé Lars, car, à ce moment-là, le nuage de dioxyde d'azote s'abattait sur nous.

Heureusement pour moi, comme on a été emmenés dans des ambulances différentes, j'ai eu le temps de digérer l'aveu de J.P. – enfin, plus ou moins – et de trouver ce que j'allais faire.

C'est-à-dire rien.

Sauf que le Dr de Bloch ne va pas être d'accord, puisqu'il veut que je fasse des choses qui me font peur. Comme sortir avec J.P.

Mais je ne peux pas ! Je ne suis pas prête ! Je viens juste de rompre avec mon ancien petit copain – dont je suis encore follement amoureuse ! Je ne peux pas me lancer dans une autre relation maintenant. C'est trop tôt !

Sans compter que je ne suis pas attirée, sentimentalement parlant, par J.P. Par exemple, quand je l'ai senti l'autre soir, chez Tina – quand il me serrait dans ses bras –, eh bien, je n'ai rien éprouvé. J'ai juste trouvé qu'il sentait le pressing.

Ce qui n'est pas ce que j'éprouve quand Michael me prend dans ses bras. Bon d'accord, lui aussi sent le savon, mais ce n'est pas n'importe quelle odeur de savon. C'est ce que sent sa peau – et sa peau seulement – quand il se lave avec le gel douche Soin de Beauté de chez Dove. Et mélangé avec la lessive qu'il utilise pour ses chemises et son parfum naturel, ça donne la meilleure odeur au monde.

Je sais que ça n'a pas de sens. Mais je ne suis pas

sûre d'être prête à passer de cette odeur Dove/les-sive/Michael à celle du pressing.

Mais j'y pense. Et si l'amour soudain de J.P. pour moi était sa façon de réagir quand il a découvert que Lilly l'avait déjà remplacé ? Il faut reconnaître que, question timing, on peut avoir des doutes. C'est vrai, quoi. On apprend au déjeuner que Lilly et Kenny sont ensemble, et paf ! J.P. me déclare sa flamme ! Ben voyons !

Bon, il dit que ça fait un moment qu'il essaie de m'en parler... mais quand même, ça ne peut pas être possible ! Tout simplement parce qu'il y a deux semaines, j'étais prise !

Et J.P. sait que je n'ai pas encore oublié Michael. Il doit se douter même qu'il y a peu de chances pour que j'oublie Michael. Du moins, pendant longtemps. Très longtemps. Il ne peut pas être stu-pide au point de tomber amoureux de moi alors qu'il sait que je ne pourrai jamais éprouver la même chose pour lui...

Avant l'université, au plus tôt.

D'accord, j'admets que J.P. a un petit côté Dr McDreamy, surtout avec la blouse que l'hôpital lui a passée puisque son pull a fondu et que sa che-mise est toute déchirée. Il est même vraiment très mignon avec.

Et il m'a sauvé la vie.

Au secours !!!!!!!!!!

Je ne suis pas en état pour régler ça maintenant ! Je veux rentrer chez moi et me mettre au lit où je serai tranquille pour réfléchir à ce qu'il m'est arrivé.

Je ne parle pas de l'explosion. *Ça*, ça ne me pose pas de problème. À la limite, au point où j'en suis, avoir failli succomber à une explosion, ce n'est rien comparé à l'humiliation que je subis presque tous les jours.

Non, je pensais à cette histoire avec J.P. C'est trop bizarre. Et comment peut-il penser que je ressens la même chose pour lui ? Parce que c'est faux !

Du moins, je ne crois pas. Je l'aime bien. C'est l'un de mes meilleurs amis – surtout maintenant que Lilly ne me parle plus.

Mais ce n'est pas Michael.

Ce n'est pas Michael.

Ce n'est pas Michael.

Oups. Voilà le médecin.

Mercredi 22 septembre, à la maison ✨

Je m'en fiche de ne plus avoir la télé. C'est tellement agréable d'être dans son lit, sans nitrate d'amidon qui explose ni garçon qui vous annonce qu'il vous aime.

On aurait pu croire qu'après tout ce qui m'est arrivé aujourd'hui, ils auraient accepté que je m'installe à Genovia et que j'y finisse ma scolarité. Pour ma *sécurité physique et émotionnelle*.

Eh bien, non. Mr. G. m'a juste dit que le lycée allait être nettoyé et que les cours reprendraient demain, y compris les cours de chimie, la salle ayant été complètement désinfectée par fumigation. Ils ont même déjà remplacé les vitres des fenêtres (merci les vitriers, merci beaucoup).

Bref, je retourne en cours demain, comme tout le monde.

À l'exception de Kenny, bien sûr, qui a été temporairement exclu pour avoir fabriqué en toute connaissance de cause un explosif secondaire dans le labo. Quand j'ai signalé que si Kenny était exclu, ils devaient nous exclure aussi, J.P. et moi, puisqu'on partage la même paillasse, Mr. G. m'a répondu :

« Mia, je t'ai fait travailler le soir pour que tu essaies de rattraper ton retard, tu t'en souviens, n'est-ce pas ? Eh bien, crois-moi, je *sais* que J.P. et toi, vous n'avez aucune idée de ce qui se passe en chimie. »

Dur. Mais bon, il n'a pas vraiment tort.

Bref, il semble que Kenny va avoir son quart d'heure de gloire maintenant et non pas quand il se mettra à travailler pour le bras-robot de Michael, comme il aimerait le faire, si c'était possible. Sinon, on parle de ce qui est arrivé au lycée dans toute la presse et sur Internet. Les journalistes appellent Kenny « Beaker », d'après le scientifique fou du *Muppet Show* (ce qui n'est pas très sympa, parce que Kenny n'a pas une grande bouche. Enfin, plus maintenant), et le montrent dans l'ambulance qui le conduit à l'hôpital, les cheveux dressés sur la tête.

Avec sa blouse à moitié brûlée et son absence de sourcils, moi je trouve qu'il ressemble plutôt à une certaine princesse douairière que je connais.

L'événement a été diffusé tellement de fois que Michael a dû en entendre parler, ce n'est pas possible autrement. Dans tous les articles, J.P. est décrit comme le héros qui s'est jeté sur moi pour me protéger des flammes. Et dans chacun d'eux, on l'appelle « le nouveau petit ami de la princesse Mia ».

Super. Je dis bien, super.

Je redoutais presque de consulter mes mails. Crainte inutile : Michael ne m'a pas écrit.

En revanche, Tina m'a écrit dès qu'elle a vu que j'étais connectée.

Cœuraimant : Mia !!!!!! Tu es courant ????
FtLouie : Si je suis au courant ? Évidemment.
Cœuraimant : Je n'en reviens pas ! Pauvre Kenny ! Il a été exclu du lycée !

FtLouie : Il a QUAND MÊME fait exploser la salle de chimie.

Cœuraimant : Je sais ! Mais il ne l'a pas fait exprès. J'espère que ce ne sera pas noté dans son dossier scolaire. Ça pourrait nuire à son inscription dans une université.

FtLouie : Je suis sûre que Kenny s'en sortira très bien, Tina. N'oublie pas qu'il a réussi à fabriquer une bombe à partir d'amidon. À mon avis, il va se faire embaucher par la N.S.A. dès sa sortie du lycée.

Cœuraimant : C'est quoi, la N.S.A. ?

FtLouie : L'Agence nationale de sécurité. Mais laisse tomber. Est-ce que tu sais ce qui s'est passé JUSTE avant ?

Cœuraimant : Tu veux dire quand J.P. s'est jeté sur toi pour te protéger du mur de flammes qui embrasait la salle de chimie ???? Oui !!!! C'est tellement romantique !!!!

FtLouie : Euh... ce n'était pas tout à fait un mur de flammes. Mais bon, peu importe. Oui, je veux parler de ce qui s'est passé avant. Eh bien... J.P. M'A DIT QU'IL M'AIMAIT.

Cœuraimant : !!!

FtLouie : Je savais que tu réagirais comme ça.

Cœuraimant : JE TE L'AVAIS DIT !!!!!!!!!!!!!!!! JE TE L'AVAIS DIT QU'IL T'AIMAIT !!!!!!!! JE LE SAVAIS !!!!!! OH, MIA, VOUS FORMEZ UN SI JOLI COUPLE !!!!!!!! VOUS ÊTES BLONDS, GRANDS ET VOUS AVEZ TOUS LES DEUX LES YEUX BLEUS !!!!!!!!

FtLouie : J'ai les yeux gris, Tina.

Cœuraimant : Oui, si tu veux !!!!! Mais raconte-moi tout. Comment il te l'a dit ? Et qu'est-ce qu'il t'a dit exactement ? Ça t'a fait quoi ? Vous vous êtes déjà embrassés ? Et vous allez où, pour votre première sortie en amoureux ? Oh, mais attends... La Belle et la Bête, ce n'était pas VOTRE premier rendez-vous ? Est-ce qu'il t'a dit QUAND il a su qu'il t'aimait ? C'était avant qu'il plaque Lilly, n'est-ce pas ? Je le SAVAIS que c'était à cause de ça qu'il l'avait laissée tomber. Je comprends mieux maintenant pourquoi elle t'en veut autant.

Oh, non.................

FtLouie : BIEN SÛR qu'il ne savait pas qu'il m'aimait quand il était avec Lilly ! Est-ce que tu crois que j'aurais accepté de sortir avec lui si j'avais su qu'il m'aimait et qu'il se servait de Lilly comme d'une... je ne sais pas, mais quel genre d'amie aurais-je été, hein ???

Cœuraimant : Oh. Tu veux dire... qu'il ne t'a pas TOUJOURS aimée ? Qu'il n'a pas eu le coup de foudre pour toi quand tu lui as parlé pour la première fois au réfectoire, l'année dernière ? Et que toute cette histoire avec Lilly, ce n'était pas seulement parce que tu étais prise et que donc, en sortant avec Lilly, c'était un moyen pour lui d'être quand même près de toi ?

FtLouie : NON ! Mon Dieu, Tina, tu es sûre de ne pas avoir inhalé trop de ces vapeurs toxiques qui flottaient au lycée cet après-midi ?

Cœuraimant : Sûre. Wahim m'a tout de suite entraînée dehors. Il a été super efficace. Mais après tout, c'est son boulot. Bref, si J.P. n'a pas eu le coup de foudre la première fois que tu lui as adressé la parole, est-ce qu'il t'a dit depuis combien de temps il t'aimait ?

FtLouie : Il m'a expliqué que c'est venu progressivement et qu'il avait essayé à plusieurs reprises de m'en parler mais chaque fois, quelque chose l'en empêchait. Il m'a dit aussi que, même s'il savait que cela allait me faire flipper, il n'en pouvait plus : il fallait que je sache. Et c'est à ce moment-là que la salle de chimie a explosé.

Cœuraimant : C'EST DINGUE !!!!!!!!!!!!!!!!!!!!!!!!!!!!!!!!

FtLouie : Oui. Je ne te cache pas que j'ai eu super peur. Au début, j'ai pensé que c'était la chaudière qui avait fini par exploser, vu que la principale n'arrête pas de dire qu'il faut la changer et que...

Cœuraimant : JE NE PARLE PAS DE ÇA !!!!!!! JE TE PARLE DE J.P. ! Tu te souviens que je t'ai TOUJOURS dit qu'il attendait de rencontrer la femme de sa vie pour libérer son cœur – qu'il retenait enfermé jusqu'à présent dans une coquille froide et dure pour se protéger émotionnellement –, et que le jour où il la trouverait, il exploserait comme un volcan de passion !!!!!

FtLouie : Oui. Et alors ?

Cœuraimant : IL L'A TROUVÉE !!!!!!! ET C'EST POUR ÇA QUE LA SALLE DE CHIMIE A EXPLOSÉ !!!!!!!

Franchement, je me demande parfois comment Tina fait pour avoir d'aussi bonnes notes. Sans vouloir être méchante.

Mais bon.

FtLouie : Tina. La salle de chimie a explosé parce que Kenny a fait la synthèse du nitrate d'amidon et qu'il s'est manifestement trompé quelque part...

Cœuraimant : Kenny s'est trompé, c'est vrai, parce qu'il n'aurait pas dû mélanger un composé chimique volatile si près de J.P. au moment où il avouait ses sentiments à la femme qui a enfin délivré son cœur !!!!!!

Je n'en peux plus. Comme je regrette de ne plus avoir la télé. J'aurais bien aimé regarder un épisode d'*Amy* ou du *Monde de Joan* maintenant. Histoire de me reposer.

FtLouie : Tina, ce n'est pas la passion de J.P. pour moi qui a fait exploser la salle de chimie aujourd'hui.
Cœuraimant : O.K., puisque tu le dis. Mais reconnais que la coïncidence est étonnante. Bref, qu'est-ce ce que tu lui as dit ?
FtLouie : Quand J.P. s'est jeté sur moi ? Je lui dit : « Lève-toi, tu m'empêches de respirer. »
Cœuraimant : Non, pas ça ! Qu'est-ce que tu lui as répondu quand il t'a dit qu'il t'aimait ?
FtLouie : Oh ! Je n'ai rien dit, en fait. Je n'ai pas eu le temps. La salle de chimie explosait.
Cœuraimant : Et après ?
FtLouie : Après, on était chacun dans une ambulance. Et ensuite dans la salle des urgences. Puis les parents de J.P. sont arrivés. Et c'est tout.
Cœuraimant : C'EST TOUT ?????? Mais quand il t'a dit qu'il t'aimait, tu ne lui as pas dit que tu l'aimais aussi ?
FtLouie : Bien sûr que non, Tina ! C'est Michael que j'aime !
Cœuraimant : Je sais bien que tu aimes Michael, mais Mia, sans vouloir te faire de peine... c'est fini entre Michael et toi. Tu ne peux pas continuer à l'aimer toute ta vie. Enfin, bien sûr tu peux, comme Ross qui continue d'aimer Rachel dans Friends, mais... que fais-tu du bal de fin d'année ?
FtLouie : Pourquoi tu me parles du bal de fin d'année ?
Cœuraimant : Parce que tu as besoin d'un CAVALIER pour t'accompagner ! Tu ne peux pas ne pas y aller ! Bien sûr, tu pourrais y aller avec une fille, comme Yan ou Ling Su... mais tu te souviens de notre promesse ? On s'est juré de

perdre notre virginité le soir du bal de fin d'année qui clô-
turera nos études secondaires ?

Je n'en revenais pas que Tina parle de ça,
MAINTENANT.

FtLouie : Oui, mais Tina, c'était avant de perdre l'amour
de ma vie.
Cœuraimant : Je sais et je suis désolée que ça n'ait pas
marché entre Michael et toi. Mais Mia, tu apprendras à
aimer à nouveau. Et J.P. est super mignon en smoking.
N'écoute pas ce que disent les mauvaises langues.

Mais de QUOI parlait-elle ? Ce n'était pas la Tina
que je connais, ma plus fidèle amie et supporter !
Jamais la Tina que je connais ne m'aurait dit que
j'apprendrais à aimer de nouveau. La Tina que je
connais m'aurait dit de rester forte et que Michael
retrouverait bientôt ses esprits et volerait à ma rencontre, chevauchant son blanc destrier dans son
armure, une bague en oxyde de zirconium de chez
Kay Jewelers à la main...
En fait, non. Parce que Michael ne ferait jamais
ça.
Et même Tina – ma romantique Tina – le sait
bien.
Je crois que je ferais mieux de l'admettre.

254

FtLouie : Tina, tu penses que Michael ne reviendra pas, n'est-ce pas ?
Cœuraimant : Oh, Mia ! Bien sûr qu'il reviendra ! La question, c'est... s'il revient, voudras-tu toujours de lui ? Ou lui auras-tu préféré... un garçon mieux que lui ?

Mes yeux se sont remplis de larmes.

FtLouie : Il n'y a pas mieux que lui, Tina.
Cœuraimant : Tu n'en sais rien !
FtLouie : De toute façon, à quoi bon avoir cette conversation. Michael ne voudra plus jamais de moi. Pas après ce que je lui ai dit.
Cœuraimant : Tu n'en sais rien non plus, Mia ! Ne fais pas attention à ce que racontent les mauvaises langues !
FtLouie : Mais de quelles mauvaises langues parles-tu ? Et pourquoi tu n'arrêtes pas de répéter ça ?
Cœuraimant : Euh... Oh, et puis après tout, tant pis, je m'en fiche. Ils m'ont dit de ne pas t'en parler, mais tu as le droit de savoir.
FtLouie : Savoir QUOI ? DE QUOI TU PARLES A LA FIN, TINA ?
Cœuraimant : De jehaismiathermopolis.com
FtLouie : Oh, ça ?
Cœuraimant : Tu connais ????
FtLouie : Bien sûr.
Cœuraimant : POURQUOI TU N'AS PAS DEMANDÉ À TON PÈRE DE LE FAIRE FERMER ALORS ?????
FtLouie : Tina, mon père est peut-être prince, mais il n'a pas le contrôle d'Internet.
Cœuraimant : Mais il aurait pu se plaindre à la principale Gupta.

255

FtLouie : La principale ? Pourquoi ? Qu'est-ce qu'elle a à voir avec ça ?

Cœuraimant : Eh bien... c'est clair que c'est quelqu'un du bahut qui a créé le site.

FtLouie : QUOI ?????

Même si j'avais du mal à voir, à cause de mes larmes et tout ça, j'ai aussitôt cliqué sur jehaismiathermopolis.com. Il s'était passé tellement de choses dans ma vie récemment que je n'avais pas consulté le site depuis un moment.

Et j'ai immédiatement compris qu'en ne le consultant pas, j'avais commis une ERREUR. Parce qu'il y avait du nouveau depuis ma dernière visite.

Ceux ou celles qui se trouvaient derrière tout ça devaient de toute évidence me surveiller de près. De *très* près, même, parce qu'ils ou elles parlaient du jour où j'avais bu à la fontaine du lycée – celle qui se trouve au deuxième étage –, et que je m'étais éclaboussée et que cela les avait fait mourir de rire. Ou la fois où j'avais trébuché à cause de mes nouvelles chaussures et que j'avais fait tomber tous mes livres en sortant de la salle de chimie. Ou la fois où je m'étais renversé de la sauce soja au réfectoire. Il y avait même une photo... de très mauvaise qualité, prise apparemment avec un téléphone portable.

Mais on me reconnaissait.

Et ils ou elles ne s'étaient pas arrêté(e)s là et donnaient des tas de conseils pour que je change de style et ne sois plus aussi repoussante physiquement. Par exemple, d'après jehaismiathermopolis. com, j'avais intérêt à me faire repousser les cheveux (c'est clair) et à arrêter de porter mes Mary Janes à semelles compensées parce que, je cite : « Elle dépasse tout le monde, comme si elle était un top-model. Enfin, comme si elle SE PRENAIT pour un top-model. Dommage que personne ne lui ait dit qu'elle faisait plus penser à une handicapée moteur. »

Sympa.

Bref, c'est à ce moment-là que j'ai éclaté en sanglots.

FtLouie : Tina, excuse-moi, mais il faut que je te laisse.
Cœuraimant : Mia ? Ça va ? Tu ne prends pas ces idioties au sérieux tout de même ?
FtLouie : Non, bien sûr ! Mais je dois y aller. Je t'appelle plus tard.
Cœuraimant : Oh, Mia ! Je suis désolée... mais j'ai pensé que c'était mieux que tu saches. À mon avis, ton père devrait vraiment téléphoner au lycée.
FtLouie : Tu as bien fait de m'en parler. Franchement. Bonne nuit, Tina.
Cœuraimant : Bonne nuit.

Mercredi 22 septembre, minuit ✦

J'ai pleuré pendant une heure, dans ma salle de bains, la porte fermée et tous les robinets ouverts pour que ma mère et Mr. G. pensent que je prenais une douche et ne me dérangent pas en me demandant ce qui n'allait pas. Je crois bien que je n'ai jamais autant pleuré de ma vie. Fat Louie est TREMPÉ à cause de toutes ces larmes qui lui sont tombées dessus quand il est venu se blottir dans mes bras.

Enfin, il ne se blottissait pas vraiment. Je le serrais plutôt contre moi, je m'accrochais en fait à lui, et il essayait de se sauver en miaulant désespérément.

Et alors ? Si on ne peut pas trouver le réconfort auprès de son chat dans des moments de détresse pareille, à quoi bon avoir un chat ????

Quand est-ce que je vais recommencer à me sentir BIEN ? Quand est-ce que je vais sortir de ce trou ? Je croyais que le Dr de Bloch avait PROMIS de m'aider ?

En plus, c'est tellement nul, parce que je SAIS que j'ai de la CHANCE. C'est vrai, quoi. Je n'ai pas de VRAIS problèmes. Bon, à part cette histoire de princesse. Et jehaismiathermopolis.com.

Alors quoi ? Des tas de gens sont la cible de trucs pas sympas sur Internet. Prenez Rachael Ray, cette femme de Food Network, la chaîne sur la cuisine. Il existe toute une communauté en ligne qui la déteste alors qu'elle est absolument adorable. Moi, je pense qu'il ne faut surtout pas prendre ce genre de critiques au sérieux parce que c'est exactement ce que les mauvaises langues cherchent : attirer l'attention dont ils ont tant besoin.

Et si on les dénonce – par exemple, si j'en parle à mon père, qu'il appelle la principale et qu'elle trouve qui est derrière tout ça et qu'elle le ou la renvoie (Albert-Einstein pratique une politique anti-harcèlement en ligne censée protéger les élèves), ce sera pire. Car il ou elle – qui que ce soit, mais… soyons réalistes, je vois très bien qui ça peut être – me détestera encore plus.

Sinon, mon petit ami m'a plaquée et je l'aime toujours ? La belle affaire ! Des milliers de filles se font plaquer par leur petit copain tous les jours. Ce qui m'est arrivé n'a rien d'extraordinaire. La preuve : ma propre meilleure amie s'est fait plaquer il y a deux semaines.

Et le garçon qui l'a plaquée m'annonce qu'il m'aime.

Allez comprendre.

Mais ce n'est pas pour ça que je pleure. Enfin, je crois.

Je ne sais pas.

Et ce pauvre J.P. ! Je n'en reviens pas de l'avoir laissé en plan comme ça. Je ne lui ai même pas donné de réponse. Non, je l'ai juste… ignoré.

Il faudra bien pourtant que je lui dise *quelque chose*, sinon ça va être trop bizarre.

De toute façon, ça *va* être bizarre, quoi que je lui réponde.

En même temps, il a pris un risque en dévoilant ses sentiments. La moindre des politesses, c'est de lui répondre.

Le problème, c'est que… je ne sais pas *quoi* lui répondre, justement.

Sérieux ! Je ne l'aime pas, ça c'est sûr, mais comme Tina me l'a fait remarquer, ça ne veut pas dire que je ne peux pas apprendre à l'aimer. Il suffit juste que je me force.

En fait, je crois que si je me forçais, je pourrais aimer J.P.

Pas comme Michael, bien sûr, mais…

Je ne devrais peut-être pas prendre ce genre de décision à cette heure tardive, en plus un jour où j'ai failli mourir dans une explosion, et deux semaines après avoir été plaquée. Et une semaine après avoir commencé une thérapie avec un cow-boy et deux jours avant de prononcer un discours sur le système d'évacuation des eaux devant deux mille femmes d'affaires de New York ultra sophistiquées

et une heure après avoir découvert que jehaismia-
thermopolis.com est l'œuvre de quelqu'un qui est
dans mon lycée et qui a de fortes chances d'être
mon ex-meilleure amie. (Non, ça ne peut *pas* être
elle, quand même. C'est trop méchant, même ve-
nant de Lilly.)
     Et si j'allais me coucher ? Il paraît que la nuit
porte conseil. Et demain...
     Non. Je n'y arriverai pas. À dormir, je veux dire.
Il faut que je réponde à J.P. avant.

FtLouie : Cher J.P. Salut. C'était fou aujourd'hui, hein ? Et
ça risque d'être encore plus fou demain avec la presse
qui va s'empresser de raconter que Kenny est un psycho-
pathe dangereux et qu'on sort ensemble, toi et moi. Non
que ça me dérange – si je dois être soi-disant amoureuse
d'un garçon, je préfère que ce soit de toi. Ha, ha. C'est
juste que... je ne sais pas si je suis prête à être amoureuse POUR DE VRAI. Tu comprends ce que je veux dire ?
Même si ça fait presque deux semaines maintenant, j'ai
l'impression que c'était hier que Michael et moi, on a
cassé. Et je ne suis pas sûre, comme je te le disais, d'être
prête à remonter en selle...

     Mon dieu. Le Dr de Bloch n'est même pas là et
j'ai déjà recours à des expressions chevalines. Ça ne
va pas du tout.
     O.K. Effacer, effacer, effacer.

Même si ça fait presque deux semaines maintenant,

j'ai l'impression que c'était hier que Michael et moi, on a cassé. Je crois que j'ai encore besoin de temps pour comprendre qui je suis sans lui avant de le faire avec qui que ce soit...

J'ai écrit « de le faire » !!!!! AU SECOURS !!!!!! EFFACER !!!!!

Je crois que j'ai encore besoin de temps pour comprendre qui je suis avant de sortir avec quelqu'un d'autre.

Voilà. C'est mieux.

Sache que je tiens énormément à notre amitié, et si je DEVAIS sortir avec quelqu'un bientôt, ce serait avec toi.

Mais est-ce que c'est vrai, d'abord ? D'accord, j'aime *bien* J.P. Mais ce n'est pas Michael. Qui peut remplacer Michael ? À part Michael ?

Et Lilly ? Bon, d'accord, elle m'en veut terriblement (elle ne peut *pas* être derrière jehaismiathermopolis.com. Où est-ce qu'elle trouverait le temps, de toute façon, entre les réunions du comité des délégués de classe, *Lilly ne mâche pas ses mots*, Kenny et tout le reste ?) et je ne suis même pas sûre de savoir vraiment pourquoi.

Mais si, par miracle, elle décidait de me pardonner pour ce que je suis censée lui avoir fait ? Et qu'elle découvre que je sors avec son ex ?

D'un autre côté... *elle* sort avec *mon* ex.

O.K., quand je sortais avec Kenny, je passais mon temps à me demander comment casser. Mais quand même. Elle ne peut pas m'en vouloir de lui faire ce qu'*elle* me fait ? Si ?

Oh ! je ne sais pas, c'est trop compliqué.

Je ne sais plus rien.

Reprenons le message :

Bref, j'ai besoin de débrouiller ce qu'il y a dans ma tête avant de faire de la place pour quelqu'un d'autre. Tu comprends ce que veux dire ? Je t'en prie, ne m'en veux pas. Amitiés, Mia.

O.K. Appuyons sur « envoyer » avant que je change d'avis.

Jeudi 23 septembre, 7 heures du matin, à la maison

Boîte de réception : 2 messages !

Le premier était de Michael. Mon cœur s'est mis à battre à toute vitesse quand j'ai vu le nom de l'expéditeur.

Mais je dois aller un peu mieux parce que je n'avais pas les mains moites, cette fois.

Est-ce que la thérapie marcherait ? Ou me suis-je complètement déshydratée la nuit dernière à force de pleurer ?

Évidemment, je n'ai pas pu m'empêcher de me demander, comme toujours, si Michael n'avait pas changé d'avis finalement, et voulait qu'on se remette ensemble...

Mais si c'était le cas, est-ce que je serais partante ? Est-ce que je m'abaisserais à ce point et le reprendrais après tout ce par quoi je suis passée ces derniers jours ?

Oui, peut-être.

Mais mes espoirs ont été (de nouveau) détruits quand j'ai vu que ce n'était qu'un lien vers l'article du *New York Post* sur l'explosion qui a eu lieu hier au lycée, avec le petit commentaire suivant :

Eh bien, voilà. Kenny a enfin réussi à attirer l'attention qu'il a toujours pensé mériter...

Avec un smiley et la signature de Michael.

J'en conclus que toute cette histoire entre J.P. et moi ne le touche pas plus que ça.

Mais pourquoi cela lui ferait-il quoi que ce soit ?
On est amis, maintenant.
Le second mail était de J.P., qui répondait à mon message de cette nuit. Là, je dois dire, que mon cœur ne s'est PAS DU TOUT mis à battre quand j'ai lu son nom.

J-P-RA-4 : Chère Mia, prends tout le temps qu'il te faut pour débrouiller ce qu'il y a dans ta tête (personnellement, je n'ai jamais rien trouvé à redire à ta tête). J'attendrai. Amitiés, J.P.

Et voilà. C'est gentil.
Enfin, j'imagine.

Jeudi 23 septembre, en perm ✸

Je sais que je ne suis pas censée écrire mon journal au lycée, mais on est en perm, ce n'est pas vraiment un cours, du coup, ils ne peuvent rien me dire.

Et de toute façon, ce n'est pas mon journal – je l'ai laissé à la maison –, mais mon cahier de maths.

En plus, il FAUT que j'écrive ça tout de suite. Je suis même sûre que le Dr de Bloch me demanderait de l'écrire pour ma propre santé mentale.

Alors voilà : quand la limousine m'a déposée

devant le lycée – sur un parking spécial, interdit au public, à cause de tous les journalistes qui font le siège devant les portes d'Albert-Einstein dans l'espoir d'interviewer les élèves et les profs sur le « poseur de bombe fou » –, je suis sortie et j'ai cherché Lars du regard. En fait, il se tenait juste à côté de moi mais j'étais tellement endormie à cause du manque de sommeil que je ne m'en suis même pas rendu compte.

Bref, alors que je cherchais Lars des yeux, j'ai vu sous l'échafaudage de l'autre côté de la rue un type élancé en blouson de cuir noir et jean délavé, avec des lunettes de soleil et un bandana rouge sur la tête, qui regardait fixement le lycée.

Au début, j'ai pensé *Mais que fait Ryan de* Newport Beach *là ? Je croyais que la série était terminée…*

Et puis j'ai vu une fille avec l'uniforme d'Albert-Einstein se diriger vers lui et tirer sur sa manche… Le type s'est alors retourné, a pris la fille dans ses bras et ils se sont mis à s'embrasser passionnément.

Et c'est à ce moment-là que j'ai vu que la fille n'était autre que Lilly, et que le type en blouson de cuir super sexy, c'était KENNY SHOWALTER !!!!!!! OUI !!!!!! KENNY !!!!! Qui s'est fait renvoyer parce qu'il avait presque commis un attentat !!!! Et qui venait devant le lycée pour embrasser sa petite copine avant le début des cours !!!!!!

Tout cela mène à la question suivante :

Depuis quand Kenny Showalter est-il devenu sexy ????

Et :

POURQUOI LILLY NE VEUT PLUS ME PARLER ????? J'aimerais TELLEMENT qu'elle me raconte comment cette histoire avec Kenny a commencé. Et comment se passent les réunions du comité des délégués de classe. Et si Kenny lui a montré sa figurine de Final Fantasy qu'il avait achetée à l'époque où on sortait ensemble et qu'il voulait se lancer dans une collection. Et, si c'est elle qui se trouve derrière jehaismiathermopolis.com, ce que j'ai fait pour qu'elle me déteste autant.

Et aussi si Michael lui parle de moi.

Mais je ne peux pas. Puisqu'elle ne m'adresse plus la parole.

Jeudi 23 septembre, en anglais 🌟

Mia ! Comment vas-tu ?

Bien, merci, Tina. J'ai juste un peu mal aux fesses quand je m'assois, mais sinon, ça va.

Tant mieux ! Cela dit, je ne parlais pas

de... ça. Je te demandais comment tu allais EMOTIONNELLEMENT ? Par rapport à... jehaismiathermopolis.com. Et à ce que t'a dit J.P.

Oh, ça ? Ça va. Que veux-tu ? Être détesté en ligne, c'est le revers de la médaille lorsqu'on est célèbre aux États-Unis. Quant à ce que m'a dit J.P., ça va aussi. Il est disposé à attendre que je sois prête. À sortir de nouveau avec un garçon. Du coup, c'est cool.

C'est tellement adorable de sa part ! Et tellement romantique, la façon dont il t'a SAUVEE, toi la femme qui a déclenché le volcan de sa passion. Tu as vu comme il était sexy sur la photo du New York Post de ce matin, quand il est à l'arrière de l'ambulance et qu'il te regarde, assise à l'arrière de l'autre ambulance ? Toute la ville maintenant veut que tu sortes avec lui !

Je sais. Mais pas de pression, S.T.P.

Je plaisante, voyons !

Je sais, Tina. Mais le problème, c'est que... je ne sais pas si je veux sortir avec lui.

En tout cas, quoi que tu décides, je t'aimerai toujours.

Merci, Tina. J'aimerais tellement que tout le monde soit aussi gentil que toi.

Jeudi 23 septembre, en étude dirigée

Le déjeuner a été une véritable épreuve aujourd'hui. Tout le lycée a défilé à notre table pour féliciter J.P. de m'avoir sauvée.

Attention, je ne dis pas que J.P. ne mérite pas d'être félicité et remercié.

C'est juste que… comme dit Tina, tout le monde semble vouloir que J.P. et moi, on sorte ensemble – sans parler de ceux qui pensent qu'on sort DÉJÀ ensemble.

Je m'en veux tellement d'être agacée par ça, parce que J.P. est vraiment un garçon bien. Je sais que je DEVRAIS sortir avec lui.

Pourquoi personne n'était aussi enthousiaste sur le couple qu'on formait, Michael et moi ? Bon d'accord, Michael ne m'a jamais sauvée d'une explosion.

Mais il a sauvé ma santé mentale PLEIN DE FOIS.

Et il n'est pas parti au Japon pour apprendre à dessiner des MANGAS ou je ne sais quoi. Il est là-bas pour construire un robot qui va sauver des tas de *vies*.

Brrrrrrrrr.

Jeudi 23 septembre, en sport ✦

Je le savais. JE LE SAVAIS qu'un jour, ça arriverait. Que ce serait le prix à payer pour être copine avec Lana Weinberger :
Elle m'a obligée à sécher les cours.
Bon d'accord, on a séché le sport, ce qui n'est pas vraiment un cours super important, mais quand même ! Ce n'est pas mon genre de sécher !
C'est vrai, ça s'est déjà produit… mais c'était pour monter au troisième étage du lycée et parler avec quelqu'un qui venait de vivre une situation hyper traumatisante – en général, MOI-MÊME –, et pas pour aller au Starbucks.
Mais Lana et Trisha m'attendaient dans les vestiaires et m'ont attrapée par le bras dès que je suis entrée – devant Lars qui se tenait appuyé contre le mur près du distributeur d'eau réfrigérée, et jouait à Fantasy Football sur son téléphone portable – avant de m'entraîner à l'extérieur du lycée et en bas de la 77e Rue (où Lars a fini par nous rejoindre). Lana n'arrêtait pas de dire qu'il fallait qu'elle boive un *caffè latte* tout de suite, et qu'elle ne pouvait ab-

solument pas rester dans la salle d'espagnol parce qu'elle jouxte la salle de chimie et que toute cette partie-là du lycée empeste encore la fumée.

« En plus, a ajouté Lana, avec tous les journalistes qui font le pied de grue devant le bahut pour essayer d'obtenir une interview de la principale au sujet de Beaker, ce n'est pas comme si on va *obtenga cualquier trabajo a hecho*, de toute façon. »

Franchement, elle n'exagère pas. Albert-Einstein est toujours le centre d'une guerre éclair médiatique, même si les journalistes sont maintenus à l'extérieur du lycée grâce à la présence de la police que l'administration du lycée a, semble-t-il, appelée à la rescousse.

Bref, on a réussi à se faufiler dehors en nous cachant la tête sous nos vestes et en courant à toute vitesse. Ce qui était, finalement, assez pédagogique, parce que ça nous a montré ce qu'on ressent quand on porte une burka.

« Dis donc, tout le monde raconte que J.P. t'a sauvé la vie, a lancé Lana une fois qu'on s'est assises dans le Starbucks. Vous sortez ensemble, alors ?

— Non », ai-je répondu en piquant un fard.

Trisha a soufflé sur son *caffè moka* sans crème fouettée avant de demander :

« Pourquoi ? C'est super sexy de sauver la vie d'une fille.

— Je sais, ai-je fait, mes joues aussi brûlantes que mon chocolat chaud. Mais… je sors à peine d'une longue relation et je ne suis pas sûre d'être prête à me relancer dans une histoire tout de suite.

— Je te comprends, a dit Lana. C'est exactement ce que je ressens depuis que je ne suis plus avec Josh. On est jeunes, après tout. On a l'âge de s'amuser. Seize ans, c'est trop tôt pour s'engager avec un garçon.

— Moi, je m'engagerais volontiers avec Skeet Ulrich, a fait savoir Trisha.

— Le problème… », ai-je commencé en ignorant la remarque de Trisha sur Skeet Ulrich. En même temps, Skeet Ulrich… Faut voir.

« Le problème, donc, ai-je repris, c'est que j'aime vraiment Michael et à l'idée d'être avec un autre garçon… Je ne sais pas. Ça ne me tente pas.

— Je vois exactement ce que tu veux dire, a déclaré Lana tout en buvant une gorgée de café. Après qu'on a cassé, Josh et moi, je n'arrêtais pas de me dire qu'aucun garçon ne pourrait jamais le remplacer. Il était si… si grand, si intelligent, si sexy et si cool quand je faisais du shopping. Tu imagines qu'il attendait, assis dans un coin de la boutique !

— Ça c'est vrai, est intervenue Trisha. Josh était super cool. Tous les garçons ne sont pas aussi patients que lui.

— Bref, a repris Lana, je n'avais pas vraiment envie de me remettre avec un autre type, parce que je ne voulais pas souffrir à nouveau. Et puis, je me suis dit : j'ai besoin d'un nouveau départ dans la vie. Tu me suis ? On efface et on recommence. Du coup, je suis allée à une fête, et j'ai rencontré Blaine.

— Blaize, a corrigé Trisha.

— Ah bon ? Il s'appelait Blaize ? a fait Lana. Si tu veux. En tout cas, grâce à lui, j'ai pu rebondir. Et après ça, j'étais complètement guérie.

— Tout ça pour dire que tu as besoin d'un garçon pour rebondir, Mia, a conclu Trisha en pointant sa cuillère en plastique vers moi.

— Et à mon avis, J.P. est le type qu'il te faut, a renchéri Lana. Après tout, il a BRÛLÉ pour toi.

— C'est tellement sexy de brûler pour une fille », a dit Trisha, sérieusement apparemment.

J'ai hoché la tête.

« Je sais. Et c'est vrai que, en théorie, J.P. est exactement le genre de garçon pour moi. On aime tous les deux les comédies musicales et le cinéma, on vient du même milieu, ma grand-mère l'adore et on veut devenir écrivains…

— Et vous passez aussi tous les deux votre temps à gribouiller dans vos carnets, a ajouté Lana en montrant mon cahier de chez Mead du bout de son ongle manucuré. Ce que tu es en train de faire en ce moment, je te signale. Personnellement, ça ne me gêne pas.

— Je sais, je sais, ai-je répondu. Et pas la peine de me répéter qu'il est mignon et que c'était super cool de me sauver la vie et tout ça. C'est juste... son odeur qui ne va pas. »

Elles m'ont dévisagée toutes les deux, comme je m'y attendais. C'est clair qu'elles ne voyaient pas du tout de quoi je parlais.

De toute façon, personne ne voit.

Sauf mon père peut-être.

« Offre-lui un autre parfum, a suggéré Trisha.

— Oui, fais ça, a renchéri Lana. Je me souviens, Josh mettait un truc horrible qui me donnait la migraine. Du coup, pour son anniversaire, je lui ai acheté un flacon de Drakkar Noir et le problème était réglé. »

J'ai fait comme si je leur étais reconnaissante pour ce super tuyau, et ça a marché. Même si ce n'était pas le cas.

C'est ça, l'ennui, avec des filles comme Lana et Trisha. Elles sont super sympas et tout, mais on ne peut pas toujours leur dire la vérité, parce que pour des tas de choses, elles ne comprennent pas.

Jeudi 23 septembre, en chimie

Mia, ça va ? Tu n'as rien dit aujourd'hui, pendant le déjeuner.

Oui, ça va, J.P. Je suis juste... un peu perdue.

Pas à cause de moi, j'espère.

Non, ça n'a rien à voir avec toi !

Mia, Mia... tu mens.

Ce n'est pas vrai ! Qu'est-ce qui te fait dire ça ?

Tes narines tremblent.

Super ! Est-ce que rien ne peut rester secret dans ma vie ?

Oh. Lilly t'a raconté ?

Oui. Mia, écoute, je ne voudrais surtout pas que ça devienne bizarre entre nous.

Ne t'inquiète pas ! Rien n'a... changé.

Je t'ai dit. Je peux attendre.

275

Je sais ! Et c'est adorable de ta part, vraiment !

Tu trouves que je suis trop adorable, c'est ça ? Trop gentil ? Les filles ne tombent jamais amoureuses des garçons trop gentils.

Pas du tout ! Tu n'es pas gentil. Tu es effrayant, tu te rappelles ? Du moins, d'après ton psy...

Oui, c'est vrai. Et est-ce que le tien ne t'a pas dit de faire un truc qui t'effraie par jour ?

Oui.

Alors, tu devrais sortir avec moi vendredi soir.

Je ne peux pas. J'ai déjà un truc.

Mia. Je croyais qu'on avait décidé de se dire la vérité.

Mais je te dis la vérité ! Est-ce que mes narines tremblent ? Non. Je dois prononcer un discours vendredi soir à un gala du Domina Rei.

Très bien. Je t'accompagne. Je serai ton cavalier.

Pas possible. C'est une soirée réservée aux femmes.

Bien sûr.

Je suis sérieuse ! Crois-moi, je préférerais vraiment être dispensée de cette corvée.

O.K. Samedi soir, alors.

Je ne peux pas non plus. Je dois travailler.

Je ne sais pas si tu es au courant, mais il faut que je m'accroche si je veux maintenir ma moyenne.

Je comprends, mais tôt ou tard, je te sortirai. Et je te ferai oublier Michael. Fais-moi confiance.

Tu ne peux pas imaginer à quel point j'espère que tu dis vrai. J.P.

Jeudi 23 septembre, 8 heures du soir, dans la limousine sur le chemin du Four Seasons

O.K. Il faut que je me calme si je veux écrire et que j'arrête de trembler.

Mais je dois noter ça. Parce qu'il s'est passé un truc énorme.

Plus énorme que l'explosion de Kenny. Plus énorme que Lilly qui me déteste et qui est vraisemblablement derrière jehaismiathermopolis.com. Plus énorme encore que la déclaration d'amour de

277

J.P. Plus énorme que Michael qui ne m'aime plus. Plus énorme que le fait que je sois en thérapie. Et plus énorme que ma mère qui épouse mon prof de maths et a un bébé avec lui, ou que je découvre que je suis princesse ou même que Michael m'ait aimée.

Bref, plus énorme que ce qui m'est jamais arrivé jusqu'à présent.

Voilà ce qui s'est passé :

La soirée a commencé normalement. J'ai travaillé avec Mr. G. (c'est clair que je n'aurais jamais la moyenne en chimie ou en algèbre s'il ne m'aidait pas), j'ai mangé et j'ai fini par me dire que Lana avait raison : il fallait que je prenne un nouveau départ dans la vie. Je parle sérieusement. Il est temps que je tire un trait sur mon ancienne existence – anciens petits copains, ancienne meilleure amie, anciens habits qui ne me vont plus, ancien décor – et que je renaisse.

Du coup, je me suis lancée dans le réaménagement de ma chambre (qu'est-ce que je pouvais faire d'autre ? J'avais fini mes devoirs, ON M'A PRIS MA TÉLÉ, et j'avais découvert, en jetant un coup d'œil sur jehaismiathermopolis.com, un commentaire envoyé par quelqu'un du Dakota du Sud qui disait, en gros : « Moi aussi je déteste Mia Thermopolis ! Elle est tellement égocentrique et superficielle ! Je lui ai envoyé un mail un jour aux bons soins du palais de Genovia et elle ne m'a jamais répondu ! »), et alors que je déplaçais mon bureau, j'ai fait tomber le portrait d'Amélie Virginie. Et l'arrière s'est détaché. Vous savez, la planche de bois sur laquelle repose le cadre.

Bref, j'ai paniqué parce que ce portrait vaut probablement une fortune, comme tout ce qui se trouve au palais.

Du coup, je me suis dépêchée de le ramasser et c'est là que j'ai vu la feuille de papier.

Le parchemin, je devrais dire. Comme ceux sur lesquels ils écrivaient en 1669 en tout cas.

Il était couvert d'un gribouillage quasi illisible. De toute évidence, c'était du français, et du français du XVIIe siècle. Il m'a fallu un petit moment pour le déchiffrer et en comprendre la signification. En bas, j'ai reconnu la signature de la princesse Amélie Virginie – *ma* princesse Amélie Virginie. Et juste à côté, le sceau royal de Genovia, avec, en dessous, la signature de deux personnes dont les noms ne me disaient rien.

C'est en les relisant que j'ai compris qu'il s'agissait des deux témoins auxquels la princesse Amélie Virginie avait fait appel quand elle avait rédigé son décret.

Ce décret qui avait rendu oncle Francesco fou

et qui l'avait amené à brûler tous les documents...
sauf celui qu'elle avait caché près de son cœur.
Quand j'avais lu son journal, je me souviens que
j'avais pensé qu'elle parlait de son VRAI cœur, et
que le décret avait donc brûlé avec elle sur le bûcher funéraire.

Pas du tout ! Amélie Virginie parlait du cœur de
SON PORTRAIT ! Et c'est là, entre le portrait et
la planche du cadre, qu'elle l'avait caché pour que
son oncle ne le trouve pas, mais où, en revanche,
le Parlement de Genovia était censé le découvrir,
après que les sœurs du couvent, à qui Amélie
Virginie avait confié son journal et son portrait
pour qu'ils y soient en sécurité, avaient retourné
les affaires de la princesse au palais.

Sauf que le décret était resté là depuis tout ce
temps.

Jusqu'à ce que je tombe dessus par hasard.

Je me suis bien sûr aussitôt demandé sur quoi
il portait. Après tout, si l'oncle d'Amélie Virginie
avait vu rouge quand elle lui en avait parlé au point
de brûler tous les documents, et si elle s'était donné
autant de mal pour le cacher, c'est que ça ne devait
pas être n'importe quoi.

Même si au début j'ai eu un peu de mal à le traduire, quand je suis arrivée à la fin (grâce à un
dictionnaire en ligne de vieux français – merci les

dingos de l'informatique), j'ai compris pourquoi oncle Francesco était fou de rage.

Et pourquoi Amélie Virginie l'avait dissimulé et avait laissé des indices dans son journal pour qu'on le trouve.

Parce que c'est le document le plus incendiaire que j'aie jamais lu. Il est même plus explosif que l'expérience de Kenny avec le nitrate d'amidon.

L'espace d'une seconde, je l'ai contemplé, bouche bée, sous le choc.

Et puis, j'ai pris conscience de quelque chose d'absolument... *incroyable* : grâce à ce document écrit en 1669, la princesse Amélie Virginie Renaldo me *sauvait la peau* !!!!!

Et pas que la peau, mais ma santé mentale aussi...

Et ma vie.

Et mon avenir.

Tout.

Je ne plaisante pas. Je sais, ça paraît exagéré, et souvent, je m'emballe, mais dans le cas présent... je ne suis pas du tout en train de délirer. Je suis 100 % sérieuse.

Si sérieuse que j'ai cru que mon cœur allait s'arrêter de battre d'un seul coup.

Ce qui explique pourquoi, dès que j'ai senti que je ne succomberais pas, j'ai appelé mon père pour lui dire que j'arrivais sur-le-champ. Il fallait que je lui parle. Et que je parle à Grand-Mère aussi. Parce que j'avais quelque chose à leur annoncer à tous les deux.

Vendredi 24 septembre, 1 heure du matin, à la maison ✨

Je n'en reviens pas.

Ce n'est pas possible.

CE N'EST TOUT SIMPLEMENT PAS POSSIBLE que les membres de ma famille soient aussi... aussi... *horribles.*

À la limite, je comprends la réaction de GRAND-MÈRE. Mais mon père ? Mon PROPRE *père ?*

En plus, il savait ce qu'il faisait ! Il l'a quand même pris, ce parchemin, il l'a lu. Il a vérifié le sceau, la signature et tout. Il l'a examiné sous toutes les coutures pendant que Grand-Mère pestait dans son coin.

« C'est ridicule ! s'est-elle exclamée à un moment, tellement elle était indignée. Une princesse qui accorde au peuple de Genovia le droit d'ÉLIRE le chef de l'État, et qui déclare que le souverain n'a qu'un rôle symbolique ? Aucun Renaldo ne serait aussi stupide !

— Amélie Virginie n'était pas stupide, ai-je expliqué à Grand-Mère. Ce qu'elle a fait est au contraire très malin. Elle essayait d'AIDER le peuple de Genovia en lui évitant d'être dirigé par un homme qu'elle savait être un tyran, et qui s'apprêtait par ailleurs à rendre la vie des gens pire que ce qu'ils enduraient déjà avec la peste et tout le reste. Dommage que personne n'ait découvert ce document plus tôt.

— Oui, c'est vrai, a reconnu mon père. Cela aurait épargné bien des souffrances au peuple de Genovia. Étant donné les circonstances, la princesse Amélie Virginie a pris la meilleure décision qui soit.

— Exact, ai-je renchéri. Il faut montrer ce document au Parlement le plus vite possible pour qu'ils puissent commencer à nommer des candidats au poste de Premier ministre et décider d'une date pour les élections. Ce que je voulais dire aussi, papa, c'est que, même si ça peut te sembler être un mauvais coup du sort, je crois que je connais suffisamment bien le peuple de Genovia pour savoir qu'il n'y a qu'une seule personne que les gens voudront comme Premier ministre : toi.

— Merci beaucoup, Mia, a répondu mon père.

— C'est la vérité, ai-je ajouté. En plus, rien dans le décret d'Amélie Virginie ne stipule qu'aucun membre de la famille royale ne peut se présenter au poste de Premier ministre si il ou elle le souhaite. Donc, fonce. Ce n'est pas vraiment la même chose, mais depuis que je me suis présentée à la présidence du comité des délégués de classe, l'an dernier, j'ai une certaine expérience des élections. Alors, si tu as besoin d'un coup de main, tu peux compter sur moi.

— Mais de quoi parlez-vous ? a demandé Grand-Mère. Êtes-vous devenus fous ? Le Premier ministre ? Mon fils ne sera pas Premier ministre ! C'est un prince, dois-je te le rappeler, Amelia ? »

Je sais que les personnes âgées ont parfois du mal à saisir certaines choses qui sont nouvelles pour elles – comme Internet –, mais j'étais prête à parier que Grand-Mère finirait par comprendre. C'est une vraie pro de la souris maintenant.

« Grand-Mère, ai-je dit, je sais bien que papa est prince. Et il le sera toujours. Comme toi, tu seras toujours la princesse douairière de Genovia, et moi, la princesse Mia. C'est juste que, d'après le décret d'Amélie Virginie, ce ne sera plus un prince ou une princesse qui *régnera* sur Genovia, mais un Parlement élu, avec à sa tête un Premier ministre...

— Ridicule ! a répété Grand-Mère. Je n'ai pas passé tout ce temps à t'apprendre à être princesse pour découvrir que tu n'en es PLUS une finalement !!!! »

Franchement, c'est à se demander si elle a suivi des cours d'éducation civique dans sa vie.

« Grand-Mère, je suis toujours princesse, ai-je insisté. Mais je n'ai aucun pouvoir. Comme la princesse Aiko du Japon. Ou la princesse Beatrice d'Angleterre. Le Japon et l'Angleterre sont tous deux des monarchies constitutionnelles.

— Des monarchies constitutionnelles ? s'est exclamée Grand-Mère, horrifiée. Mais qu'est-ce qu'elle raconte, Philippe ?

— Rien, mère », a répondu mon père.

Je n'avais pas remarqué avant, mais il serrait les dents. Et – comme quand ma mère pince les lèvres – ce n'est jamais très bon signe pour moi.

« Tu n'as aucun souci à te faire, a-t-il ajouté.

— Eh bien… si, suis-je intervenue. Les choses risquent de changer. Mais dans le bon sens. Par exemple, notre candidature à l'Union européenne. Elle n'était pas gagnée à cause de cette histoire de monarchie absolue, n'est-ce pas ? Vous vous rappelez les limaces. Maintenant, en tant que démocratie…

— Encore la démocratie ! s'est écriée Grand-Mère. Philippe ! Qu'est-ce que tout cela signifie ?

De quoi PARLE-t-elle ? Es-tu, oui ou non, le prince de Genovia ?

— Oui, mère, je suis le prince de Genovia, a répondu mon père doucement. Ne vous énervez pas. Rien ne va changer. Laissez-moi vous commander un Sidecar... »

Je comprenais tout à fait que mon père cherche à calmer Grand-Mère. Mais lui mentir de manière aussi éhontée, c'était un peu gonflé.

« En fait, pas mal de choses vont changer au contraire, suis-je revenue à la charge.

— Non, a déclaré mon père brusquement. Non, Mia, rien ne va changer. Je suis très touché que tu nous aies apporté ce document, mais il n'a pas l'importance que tu lui accordes. En fait, il n'a aucune validité.

— QUOI ? ai-je hurlé. *Bien sûr* que si ! Amélie Virginie a respecté toutes les règles imposées par la charte royale de Genovia – elle a apposé le sceau et obtenu la signature de deux témoins qui n'avaient aucun lien de parenté avec elle ! Si j'ai appris quelque chose depuis que je prends des leçons de princesse, c'est bien ça. Ce document est valide.

— Sauf qu'elle n'a pas eu l'approbation du Parlement, a déclaré mon père.

— ÉVIDEMMENT PUISQUE TOUS LES MEMBRES DU PARLEMENT ÉTAIENT

MORTS ! ai-je hurlé à nouveau. Ou bien se trouvaient chez eux, à veiller leurs proches qui se mouraient. Papa, tu sais aussi bien que moi qu'en période de crise nationale – en cas de PESTE, par exemple, et de mort imminente d'un monarque qui sait que son trône va aller à un despote –, le prince ou la princesse de Genovia peut faire passer la loi qu'il ou elle veut par ordre de droit divin. »

Franchement. Est-ce qu'il croit vraiment que je n'ai appris qu'à tenir une fourchette à poisson en deux ans de leçons de princesse ?

« Exact, a répondu mon père. Tu oublies cependant que cette crise nationale a eu lieu il y a quatre cents ans, Mia.

— Et alors ? Ça ne rend pas le décret moins valide pour autant, ai-je fait observer.

— C'est vrai, a admis mon père. Mais cela signifie que nous n'avons aucune raison de le communiquer au Parlement maintenant. Ou plus tard.

— QUOI ? » ai-je fait.

J'avais l'impression d'être la princesse Leia Organa quand elle révèle enfin la cachette secrète de la base rebelle (même si elle mentait) à Tarkin dans *Star Wars : Un nouvel espoir*, et qu'il ordonne la destruction de sa planète Alderaan.

« Bien sûr qu'on va le communiquer au Parlement !

ai-je hurlé. Papa, Genovia vit sur un mensonge depuis presque quatre cents ans !

— Le sujet est clos, a déclaré brusquement mon père en s'emparant du décret d'Amélie Virginie pour le ranger sans son attaché-case. J'apprécie tes efforts, Mia, c'était très intelligent de ta part de démêler tout cela, mais nous n'avons pas besoin d'attirer l'attention du peuple de Genovia – ou du Parlement – sur un document dont la légitimité laisse à désirer. Après tout, il ne s'agit que de la tentative d'une adolescente affolée pour protéger les intérêts de personnes mortes depuis longtemps. Donc, nous n'avons pas de soucis à nous faire...

— C'est ça, alors... », ai-je commencé en me précipitant pour reprendre le parchemin avant qu'il ne l'enferme à jamais dans son sac Gucci.

J'étais au bord des larmes. C'était tellement injuste.

« C'est ça, n'est-ce pas ? ai-je répété. Parce que ce décret a été écrit par une *fille*, pire, par une ADOLESCENTE, il n'a aucune légitimité ? »

Mon père m'a adressé un regard plein d'amertume.

« Mia, tu sais bien que ce n'est pas ce que je voulais dire, a-t-il murmuré.

— Évidemment que si ! S'il avait été écrit par un

HOMME, tiens, par le prince Francesco, tu l'aurais montré au Parlement à la prochaine session. J'EN SUIS SÛRE. Mais parce qu'il a été écrit par une ado, qui n'a été princesse que pendant douze jours avant de mourir dans la souffrance et la solitude, tu le méprises. Est-ce que la liberté de ton propre peuple ne signifie rien pour toi ?

— Mia, Genovia fait partie des endroits les plus agréables où vivre sur cette *planète*, et les habitants sont très heureux, a déclaré mon père. La température moyenne est de 22°, le soleil brille trois cents jours par an et personne ne paie d'impôts, tu le sais ? Les habitants de Genovia n'ont jamais exprimé la moindre réserve sur leurs libertés, ou leur absence de liberté, et ce depuis que je suis monté sur le trône.

— Comment ce qu'ils n'ont jamais eu peut-il leur manquer ? ai-je rétorqué. Mais là n'est pas la question. La question est que l'une de tes ancêtres a laissé un legs, un décret qu'elle avait rédigé pour protéger le peuple qu'elle aimait. Son oncle s'en est débarrassé, comme il a essayé de se débarrasser d'*elle*. Si nous n'honorons pas sa dernière requête, nous ne vaudrons pas mieux que lui.

— Mia, a fait mon père en levant les yeux au ciel. Il est tard. Je retourne dans ma suite. Nous reparlerons de tout cela demain matin, si... » – je suis sûre de l'avoir entendu murmurer – « ça ne t'a pas passé. »

Et c'est bien ça, le fond du problème. Il pense que c'est juste une crise d'adolescente… le même genre de crise qui l'a poussé à m'envoyer chez le psy, et a incité la princesse Amélie Virginie à rédiger ce décret.

Décret qu'il ignore car, en gros, il a été écrit par une fille.

Sympa. Très sympa.

Quant à Grand-Mère, elle ne m'a pas été d'une grande aide, c'est le moins qu'on puisse dire. Moi qui pensais que, parce que nous sommes toutes les deux du même sexe, elle m'aurait soutenue, et aurait soutenu Amélie Virginie.

Eh bien, non. Grand-Mère fait partie de ces femmes qui réclament les mêmes droits que les hommes, mais ne veulent surtout pas être traitées de féministes. Car ce n'est pas « féminin ».

Après le départ de papa, elle m'a regardée et a dit :

« Amelia, je ne suis pas sûre d'avoir tout compris, mais je t'avais conseillé de ne pas te plonger dans ce vieux journal. Parlons de demain, plutôt. Es-tu prête pour ton discours ? Ton tailleur a été livré au *Fours Seasons*, donc le mieux c'est que tu passes directement après tes cours et que tu te changes ici.

— Je ne peux pas passer après mes cours, ai-je répondu. J'ai ma séance. »

Elle a cligné des yeux plusieurs fois – moi qui me demandais si papa lui avait parlé du Dr de Bloch, j'ai la réponse, maintenant – et a déclaré :

« Viens après dans ce cas. »

!!!!!!!!!!!!!!!!!!!!!!!

Sérieux. Ma grand-mère découvre que je suis en thérapie, et tout ce qu'elle me dit, c'est « viens APRÈS » pour que je me change pour le discours que je dois prononcer UNIQUEMENT parce qu'ELLE veut être cooptée par le Domina Rei.

J'aurais pu les tuer tous les deux. Papa ET Grand-Mère.

Bref, j'étais tellement furibarde quand je suis rentrée à la maison que je n'arrivais même plus à parler et je suis allée directement dans ma chambre.

Cela dit, ni ma mère ni Mr. G. n'ont remarqué que j'étais de retour. Ils ont enfin la dernière saison de *Sur écoute* et sont scotchés à leur télé.

La télé dans leur CHAMBRE.

Parce que personne ne leur a pris LEUR poste.

J'ai pensé aller les voir un moment et leur raconter ce qui s'était passé – enfin, le raconter à maman. Mais j'ai renoncé. Ça allait la faire bondir. Son ancien petit ami et sa mère privant une femme de ses droits élémentaires (parce que c'est exactement ce que papa et Grand-Mère font à Amélie Virginie) ? Il n'en fallait pas plus pour la mettre sur le sentier de la guerre. À tous les coups, elle appellerait ses vieilles copines militantes à la rescousse et irait manifester avec elles devant l'ambassade de Genovia. Et si ça ne servait à rien, elle ferait un *haïto uchi* à mon père – un bon coup derrière la nuque avec le tranchant de la main (elle s'est remise au karaté pour perdre les kilos qu'elle a pris pendant sa grossesse).

Sauf que…

Sauf que ce n'est pas ce que je veux.

Premièrement, la violence domestique n'a jamais été la réponse à quoi que ce soit.

Et deuxièmement, je ne veux pas que ma MÈRE règle ça. J'ai besoin qu'on me conseille pour *je* le règle MOI. Moi toute seule.

Je n'en reviens pas. Est-ce que c'est vraiment ça ma vie ?

Et si c'est le cas… comment ça se fait ?

Vendredi 24 septembre, en anglais

Ça va, Mia ? Tu as la tête de quelqu'un qui n'a pas fermé l'œil de la nuit.

Je n'ai pas fermé l'œil de la nuit. Tina.

Pourquoi ????? Attends... Il s'est passé quelque chose avec J.P. ? Ou avec MICHAEL ?????

Ha. Non, Tina. Ça n'a rien à voir avec un garçon. Enfin, si, mais c'est mon père.

Est-ce qu'il a recommencé à te tenir ce discours comme quoi, si tu ne travailles pas plus, tu ne seras jamais acceptée dans une grande université et tu finiras par te marier à un artiste de cirque ? J'ai entendu dire que c'est ce qu'avait fait une princesse. En tout cas, n'oublie pas que plein de filles n'intègrent pas une grande université mais ne se marient pas pour autant avec un contorsionniste.

Non, Tina. C'est pire.

Ne me dis pas qu'il a appris que tu avais l'intention d'offrir ton petit capital à Michael ??? Sauf que Michael n'en voulait pas ????

Non. C'est quelque chose de bien plus important...

Plus important que le petit capital. Mais qu'est-ce que c'est ?????

Eh bien...

Je ne passerai plus de petits mots pendant les cours.

Je ne passerai plus de petits mots pendant les cours.

Je ne passerai plus de petits mots pendant les cours.

Je ne passerai plus de petits mots pendant les cours.

Je ne passerai plus de petits mots pendant les cours.

Je ne passerai plus de petits mots pendant les cours.

Je ne passerai plus de petits mots pendant les cours.

Je ne passerai plus de petits mots pendant les cours.

Je ne passerai plus de petits mots pendant les cours.

Je ne passerai plus de petits mots pendant les cours.

Je ne passerai plus de petits mots pendant les cours.

Je ne passerai plus de petits mots pendant les cours.

Je ne passerai plus de petits mots pendant les cours.

Je ne passerai plus de petits mots pendant les cours.

Je ne passerai plus de petits mots pendant les cours.

Je ne passerai plus de petits mots pendant les cours.

Je ne passerai plus de petits mots pendant les cours.

Je ne passerai plus de petits mots pendant les cours.

Je ne passerai plus de petits mots pendant les cours.

Je ne passerai plus de petits mots pendant les cours.

Vendredi 24 septembre, pendant la pause déjeuner, sur les marches de l'escalier du troisième étage ✨

Je ne sais même pas quoi écrire.

De toute façon, vu les larmes qui tombent sur cette page, ce que je pourrai noter sera illisible.

En fait, je pleure tellement que j'arrive à peine à voir la feuille de papier.

Je ne comprends pas. Franchement, je ne comprends pas comment elle a pu DIRE ça.

Sans parler de le FAIRE.

Mais à quoi je pensais ?

D'une certaine façon, c'est PIRE que d'avoir été plaquée par Michael. Pire que d'apprendre que l'ex de ma meilleure amie est amoureux de moi. Pire que de déjeuner à présent tous les jours avec mon ancienne ennemie. Et pire que de me dire que je n'aurai jamais la moyenne en calcul différentiel.

Bref, comme mon père s'apprête à priver Genovia de son unique chance de devenir un jour une démocratie, et qu'il n'y a qu'une seule personne que je connais qui peut me dire quoi faire (autre que ma mère), j'ai décidé d'aller la voir.

Sauf qu'elle ne m'adresse plus la parole.

Mais je croyais qu'on pouvait être au-dessus de ça. Je le croyais vraiment.

Sérieux. Parce que j'avais *besoin* de parler à Lilly. Parce que Lilly saurait m'aider.

Du coup, j'ai pensé, qu'est-ce qui peut m'arriver si je lui raconte ? Si je vais la voir et que je lui dis ce que j'ai découvert ? Elle sera bien obligée de me répondre. C'est tellement injuste qu'elle ne pourra pas s'en empêcher. C'est LILLY, après tout. Lilly ne peut pas rester les bras croisés et laisser faire une telle injustice. Elle en est physiquement incapable. Elle aura QUELQUE CHOSE à me dire. Par exemple : « Tu plaisantes, Mia. C'est pas possible. Il faut que tu... »

Et là, je saurai quoi faire, non ?

Et je n'aurai plus l'impression de tomber encore plus bas au fond du réservoir de chez Pépé et Mémé.

J'ai pensé aussi, bon d'accord, on ne redeviendra peut-être pas amies, mais jamais Lilly n'acceptera que des gens soient privés de leur droit à la démocratie. Vrai ou faux ? Elle est quand même super opposée à toute forme de monarchie.

Bref, je pensais tout ça, et c'est pour cette raison que je suis allée à la voir.

Je jure que je n'ai fait que ça. On était au réfectoire, et je me suis dirigée vers la table où elle man-

297

geait SEULE d'ailleurs parce que Kenny est exclu, que Yan avait rendez-vous chez l'orthodontiste et que Ling Su avait décidé de rester dans la salle d'arts plastiques pour finir un de ses collages qu'elle a intitulé : *Portrait de l'artiste avec nouilles chinoises et olives* –, et j'ai dit :

« Lilly ? Je peux te parler ? »

O.K., ce n'était pas une bonne idée de faire ça devant tout le monde. J'aurais dû attendre qu'on soit dans les toilettes puisqu'elle s'y rend toujours après déjeuner pour se laver les mains. J'aurais alors pu lui parler en privé, et si elle m'avait envoyée balader, personne ne l'aurait vue ou entendue, sauf moi et quelques filles de première année.

Mais comme une IDIOTE, je suis allée la voir en plein milieu du repas et je me suis assise en face d'elle.

« Lilly, ai-je continué, je sais que tu ne veux plus me parler, mais j'ai besoin de ton aide. Il s'est passé un truc horrible : j'ai découvert qu'il y a à peu près quatre cents ans, l'une de mes ancêtres a signé un décret faisant de Genovia une monarchie constitutionnelle, mais personne n'a trouvé ce décret jusqu'à hier, et quand je l'ai montré à mon père, il a refusé d'en tenir compte sous prétexte qu'il a été écrit par une adolescente qui n'a régné que douze jours avant de mourir de la peste, sans compter qu'il ne tient pas à n'avoir qu'un rôle symbolique au sein du gouvernement de Genovia, même si je lui ai dit qu'il devait se présenter au poste de Premier ministre. Tu te doutes bien que tout le monde voterait pour lui. Bref, je trouve que c'est d'une injustice criante, mais je ne sais pas quoi faire pour y remédier, et comme tu es super intelligente, j'ai pensé que tu pouvais m'aider... »

Lilly a levé les yeux de sa salade et a répondu, d'une voix glaciale :

« Comment oses-tu venir me parler ? »

J'avoue que sa réponse m'a un peu déstabilisée, et j'aurais peut-être dû, à ce moment-là, me lever et partir.

Mais parce que je suis la reine des imbéciles, je suis restée. Ne me demandez pas pourquoi. Comme on a vécu plein de choses toutes les deux, j'ai bêtement pensé qu'elle ne m'avait pas bien entendue. Du coup, j'ai répété :

« Lilly, j'ai besoin de ton aide. Par ailleurs, cette dispute entre nous est tellement stupide. »

Elle m'a dévisagée une nouvelle fois et j'ai continué :

« O.K., si tu estimes que tu as des raisons de me détester, j'accepte. Mais le peuple de Genovia ? Ces gens-là ne t'ont rien fait. Moi non plus d'ailleurs, mais là n'est pas la question. Tu ne crois pas qu'ils ont le droit de choisir qui doit les diriger ? Lilly, ils ont besoin de toi, et j'ai besoin de toi pour que tu me dises quoi…

— C'est… absolument… dingue. »

Lilly s'est levée sur « c'est », puis elle a levé le poing sur « absolument » et l'a rabattu sur la table sur « dingue ».

Et elle l'a rabattu si fort que toutes les personnes présentes dans le réfectoire ont tourné la tête dans notre direction pour voir ce qui se passait.

« Je n'en reviens pas ! a-t-elle hurlé ensuite, alors que je me trouvais à même pas un mètre d'elle. Tu es incroyable ! Un, tu brises le cœur de mon frère. Deux, tu me piques mon petit copain ! Et trois, tu viens me demander des conseils parce que ta famille est totalement déjantée ! »

J'ai battu des paupières à plusieurs reprises, sous le choc. Et aussi, parce que je ne voyais pas très bien, à cause des larmes qui m'étaient montées aux yeux.

Mais à la limite, tant mieux. Parce que ça me permettait de ne pas voir les visages affligés de tous ceux qui nous regardaient.

En revanche, j'ai bien senti que tout le monde s'était brusquement tu. Il y avait un tel silence dans le réfectoire qu'on entendait les mouches voler. Ce qui prouve à quel point mes pairs ne voulaient rien rater de la violence verbale que m'assénait mon ancienne meilleure amie.

« Lilly, ai-je murmuré. Tu sais bien que je n'ai pas brisé le cœur de Michael. C'est lui qui a brisé le mien. Et je ne t'ai pas *piqué* ton petit copain.

— Je t'en prie, réserve ça pour le *New York Post* ! a rétorqué Lilly. Ce n'est JAMAIS ta faute, n'est-ce pas, Mia ? Mais après tout, pourquoi admettrais-tu tes erreurs quand jouer aux victimes te va si bien ? Regarde-toi. Tu es amie avec LANA WEINBERGER. Tu ne trouves pas ça bizarre ? Tu n'as pas compris qu'elle se SERVAIT de toi ? Tout le monde se sert de toi, Mia. J'étais ta seule vraie amie et regarde comment tu m'as traitée ! »

Je pleurais tellement que je ne voyais Lilly que de façon très floue. Mais j'entendais nettement le mépris dans sa voix. Et le silence autour de nous.

« Tu sais quoi ? a-t-elle poursuivi de sa voix acerbe et suffisamment forte pour réveiller un mort. Tu as raison. Tu n'as *pas* brisé le cœur de Michael. Il en avait assez de t'entendre geindre sans arrêt, comme il en avait assez de ton incapacité à régler tes problèmes. Tu ne peux pas imaginer comme il avait hâte de se débarrasser de toi. Je regrette de ne pas avoir autant de chance que lui ! Parce que je donnerais n'importe quoi pour être à des milliers de kilomètres de toi, moi aussi. En attendant, je me défoule sur le site que j'ai créé. C'est déjà ça. Tu l'as peut-être vu, non ? Ça s'appelle JEHAISMIATHERMOPOLIS.COM ! »

Là-dessus, elle m'a tourné le dos et est sortie du réfectoire.

Du moins, je crois, vu que je pleurais toutes les larmes de mon corps, à ce moment-là. C'était comme si les chutes du Niagara ruisselaient le long de mes yeux.

Ce qui explique aussi sans doute pourquoi je n'ai pas remarqué que Tina, Boris, J.P., Shameela, Lana et Trisha avaient accouru vers moi et me tapotaient le dos doucement en disant : « Ne l'écoute pas, Mia. Elle ne parle pas sérieusement. » Ou bien : « Elle est jalouse. Elle l'a toujours été. » Ou encore : « Personne ne se sert de toi, Mia. Parce que, très franchement, tu n'as rien que j'aimerais avoir. » (Cette dernière phrase venait de Lana. Qui, je suis sûre, pensait être sympa.)

Je sais bien qu'ils cherchaient tous à être gentils.

Sauf que c'était trop tard. La tirade assassine de Lilly – en public qui plus est – était la goutte qui fait déborder le vase. Sans parler de la confirmation que Lilly – oui, Lilly, entre toutes les personnes – était bel et bien à l'origine de jehaismiathermopolis.com.

Même si je m'en doutais un peu depuis le début,

qu'elle l'admette, là, devant moi, si fièrement en plus, comme si elle *voulait* que je le sache...

Bref, il fallait que je quitte le réfectoire, même si, en me sauvant, je ne devenais que ce que Lilly m'accusait d'être : une victime.

Mais j'avais trop besoin d'être seule.

Voilà pourquoi je suis ici, sur les marches de l'escalier du troisième étage, qui mène au toit du lycée, mais où personne ne va jamais...

À l'exception de Lilly et moi, quand il nous était arrivé quelque chose et qu'on était trop mal.

Lars se tient en bas des marches et surveille que personne ne monte. Il a l'air assez inquiet pour moi, suffisamment en tout cas pour me demander si je veux qu'il appelle ma mère.

« Non, merci, Lars, ai-je dit.

— Votre père, alors, princesse, a-t-il insisté.

— NON ! » ai-je hurlé.

Il a paru surpris par la véhémence de ma réponse. Mais j'ai réagi comme ça parce que j'avais trop peur qu'il suggère ensuite d'appeler le Dr de Bloch.

Mais heureusement il s'est contenté de hocher la tête et de dire :

« Très bien. Si vous en êtes sûre... »

Qu'est-ce que j'en sais ? Je lui ai expliqué que j'avais besoin d'être seule et que j'allais redescendre tout de suite...

Sauf que ça fait un quart d'heure que je suis perchée ici et je n'ai pas l'impression que mes larmes vont s'arrêter de couler. Je suis juste… Comment a-t-elle pu me dire *ça* ? Après tout ce qu'on a partagé ? Comment a-t-elle pu ÉCRIRE toutes ces choses sur moi et penser que j'ai pu lui faire ce dont elle m'accuse ? Et comment peut-elle être aussi… *cruelle* ?

Oh, non ! J'ai entendu un bruit de pas. Lars laisse monter quelqu'un !

MAIS POURQUOI, LARS ? POURQUOI ????

Vendredi 24 septembre, en étude dirigée ✶✶✶

C'était tellement…

Ouf.

C'est le seul mot qui me vient à l'esprit pour décrire ce qui s'est passé tout à l'heure.

Pas étonnant que Mrs. Martinez doute de mes capacités à devenir un jour écrivain ou journaliste.

Mais sérieux ! Qu'est-ce que je peux mettre d'autre ? C'était… c'était tellement…

OUF.

Et à quoi PENSAIT Lars ? Je lui avais pourtant dit de ne laisser monter PERSONNE. Sauf la principale, ÉVIDEMMENT, ou un prof.

Comment se fait-il que BORIS ait pu passer, hein ?

Parce que c'est lui qui est monté. Même qu'il était complètement essoufflé, comme s'il avait couru ou je ne sais quoi.

Au début, j'ai eu peur qu'il m'annonce à son tour que LUI AUSSI m'aimait. (Et alors ? Pourquoi pas ? Vous ne pouvez pas vous imaginer ce qui vous arrive quand vous faites du 90D.)

Mais heureusement, ce n'est pas le cas. Il m'a juste dit :

« Ah, tu es là, Mia. Je t'ai cherchée partout. Je ne suis pas censé te raconter ça, mais c'est faux.

— Qu'est-ce qui est faux, Boris ? ai-je demandé, dans le brouillard le plus total.

— Ce que Lilly t'a dit, a-t-il répondu. Comme quoi Michael en avait assez de toi. Je ne peux pas t'expliquer comment je le sais, mais crois-moi, c'est faux. »

J'ai souri. Même si j'étais encore sous le choc et tout, je n'ai pas pu m'en empêcher. Tina a vraiment de la chance. Elle sort avec le garçon le plus formidable qui soit.

Et elle le sait, ce qui est une chance pour elle.

« Merci, Boris, ai-je dit en m'essuyant les yeux du revers de la manche. C'est adorable de ta part de dire ça.

— Ce n'est pas adorable, a insisté Boris. C'est la vérité. D'ailleurs, tu devrais lui répondre. »

J'ai sursauté, plus déroutée que jamais.

« Lui quoi ? me suis-je exclamée. Je devrais répondre à qui ?

— À Michael, a fait Boris. Il t'a bien envoyé un mail ?

— Oui, ai-je dit, estomaquée. Mais comment le sais-tu ?

— Alors, tu devrais lui répondre, a répété Boris. Ce n'est pas parce que vous avez cassé que tu ne peux pas lui écrire. Après tout, tu étais d'accord ? Pour être toujours amie avec lui.

— Oui. Mais Boris, comment se fait-il que tu sois au courant ? ai-je demandé. C'est Tina qui t'en a parlé ? »

Boris a hésité puis a hoché la tête.

« Oui. Elle m'en a parlé, a-t-il avoué.

— Oh ! ai-je fait. Je vois. Mais… je ne peux pas lui répondre, Boris. Je… je ne suis pas encore prête à être amie avec lui. Ça me fait encore trop mal de n'être *que* amie avec lui.

— Je comprends, a dit Boris. Mais tu devrais le faire dès que tu te sentiras prête. Pour qu'il ne pense pas que… que tu le détestes. Ou que tu l'as oublié. »

Comme si c'était possible.

Du coup, j'ai promis à Boris que je répondrais à Michael quand je serais émotionnellement capable de le faire sans m'effondrer et le supplier de me reprendre.

Boris a alors fait quelque chose de super sympa. Il a proposé de me raccompagner en cours (une fois que je me suis ressaisie et que j'ai effacé toutes traces de larmes de mon visage).

Et on est allés tous les trois – Boris, Lars et moi – en étude dirigée. Très en retard.

Mais ce n'était pas grave parce que Mrs. Hill n'était pas là et Lilly non plus.

J'imagine que Lilly a séché pour retrouver Kenny. Ils me font un peu penser à Courtney Love et Kurt Cobain, tous les deux. L'héroïne en moins. Il ne reste plus à Lilly qu'à se mettre à fumer, se faire faire un ou deux tatouages et elle donnera enfin d'elle l'image de la rockeuse parfaite.

Boris m'a demandé une dernière fois si ça allait et quand je lui ai assuré que oui, il s'est enfermé dans le placard pour répéter mon morceau préféré de Chopin.

Je suis sûre qu'il l'a fait exprès.

Boris est tellement attentionné.

Et Tina a tellement de chance.

J'espère qu'un jour, j'aurai autant de chance qu'elle.

À moins que j'aie déjà *eu* ma chance, en ce qui concerne les garçons, et que j'aie tout gâché.

Pourvu que ce ne soit pas le cas. Mais si ça l'est, tout ce que j'ai à dire, c'est que c'était vraiment bien à ce moment-là.

Vendredi 24 septembre,
dans la salle d'attente du Dr de Bloch ✨

Lana et Trisha ont insisté pour m'emmener faire ce qu'elles appellent une Sortie Manu-Pédi. Elles disaient que je le méritais, après ce que j'avais enduré au réfectoire à cause de Lilly.

Du coup, au lieu d'aller en sport, je me suis fait faire les ongles des pieds et des mains (du moins, ce qu'il en reste). J'ai choisi le vernis Rouge Fantaisie, une couleur que Grand-Mère trouve tout à fait inappropriée pour une fille de mon âge.

C'est bien pour ça que c'est celle-là que j'ai prise.

Sauf que, même après avoir passé quarante minutes de soin manucure-pédicure, je ne me sens pas mieux.

J'ai trop de problèmes dans ma vie en ce moment pour qu'un simple massage des mains et des pieds (et la pose d'un vernis à ongles) me soulage.

Oh, oh ! Le Dr de Bloch est prêt à me recevoir.

À mon avis, personne, et pas même le Dr de Bloch, ne pourra JAMAIS faire que ma vie ne soit plus un tel désastre.

Vendredi 24 septembre, dans la limousine en route pour le Four Seasons

J'ai tout raconté au Dr de Bloch, et vous savez ce qu'il m'a répondu ? Il m'a répondu :

« Mais Genovia a déjà un Premier ministre. »

Je l'ai dévisagé et j'ai dit :

«Euh... je ne crois pas, non.

— Pourtant, a-t-il insisté, j'ai regardé les films qui relatent votre vie, comme vous me l'aviez conseillé, et je me souviens parfaitement que...

— Justement, ils se TROMPENT là-dessus ! ai-je rétorqué. Et il n'y a malheureusement pas que là-dessus qu'ils se trompent, mais bon. Les réalisateurs ont prétendu que c'était une "licence artistique". Qu'il fallait souligner l'intensité dramatique de ma vie. Comme si ma VRAIE vie n'était pas assez dramatique !

— Je vois », a fait le Dr de Bloch.

Puis, après avoir réfléchi un petit moment, il a ajouté :

« Tout cela me fait penser à un cheval que j'ai au ranch... »

Je vous jure que j'ai failli bondir de ma chaise.

« VOUS N'ALLEZ PAS RECOMMENCER À ME PARLER DE DUSTY ! ai-je hurlé. JE SAIS DÉJÀ TOUT SUR DUSTY !

— Non, ce n'est pas Dusty. C'est Pancho, a répondu le Dr de Bloch.

— Combien de chevaux avez-vous ? ai-je demandé.

— Une dizaine. Mais là n'est pas la question, a fait le Dr de Bloch. Ce que je voulais dire, c'est que Pancho se fait souvent avoir. Dès que quelqu'un le sort de son box et le monte, il tombe aussitôt amoureux de cette personne. Il frotte sa tête contre elle, comme un chat, il la suit partout... même si elle ne le traite pas particulièrement bien. Pancho a énormément besoin d'affection, il veut que tout le monde l'aime...

— O.K., ai-je interrompu le Dr de Bloch. J'ai compris. Pancho a un problème d'amour-propre. Moi aussi. Mais quel rapport avec le fait que mon père ne veut pas que le peuple de Genovia apprenne l'existence du décret de la princesse Amélie Virginie ?

— Aucun, a reconnu le Dr de Bloch. Mais cela a

un rapport avec le fait que vous ne faites rien pour l'en empêcher. »

Je l'ai dévisagé à nouveau et j'ai dit :

« Et comment suis-je censée faire *ça* ?

— C'est à vous de le trouver », a répondu le Dr de Bloch.

Cette fois, c'était trop.

« Vous m'avez dit la première fois que je suis venue ici que pour me sortir du trou de la dépression au fond duquel j'étais tombée, il fallait que je demande de l'aide ! ai-je hurlé. Et maintenant que je vous demande de m'aider, vous me répondez que c'est à moi de trouver la réponse ? Combien on vous paie pour ça, dites-moi ? »

Le Dr de Bloch m'a considérée calmement de derrière son calepin et a déclaré :

« Rappelez-vous ce que vous m'avez raconté l'autre jour. Le garçon que vous aimez vous dit qu'il veut juste être ami avec vous, et vous ne faites rien. Votre meilleure amie vous humilie devant tous vos camarades, et vous ne faites rien. Votre père vous annonce qu'il n'a nullement l'intention d'honorer le souhait de votre ancêtre, et vous ne faites rien. Je vous ai dit, la première fois que nous nous sommes rencontrés, que personne ne pouvait vous aider si vous ne vous aidiez pas vous-même.

Rien ne changera pour vous si vous ne faites pas tous les jours quelque chose...

— ... qui me terrifie, ai-je terminé à sa place. JE SAIS. Mais comment ? Qu'est-ce que je suis censée faire pour ça ?

— Ce n'est pas ce que vous êtes *censée* faire, Mia, qui compte, a insisté le Dr de Bloch, légèrement agacé. Mais ce que vous *voulez* faire. »

Comme je ne comprenais toujours pas, j'ai balbutié :

« Je veux... je veux... faire ce qui est juste !

— C'est exactement ce que je vous dis, a répondu le Dr de Bloch. Si vous voulez faire ce qui est juste, ne vous comportez pas comme Pancho. Prenez modèle sur la princesse Amélie Virginie ! »

DE QUOI PARLAIT-IL À LA FIN ????

Mais avant que j'aie le temps de lui demander, il s'est levé et a déclaré :

« La séance est terminée. Elle était très intéressante. La semaine prochaine, j'aimerais vous revoir avec votre père. J'ai l'impression que vous avez tous les deux des questions à régler. Et demandez à votre grand-mère de venir aussi, a-t-il ajouté. J'ai vu une photo d'elle sur Google. Elle me semble être une femme très intrigante.

— Une minute, ai-je fait. Qu'est-ce que vous venez de dire ? Comment voulez-vous que je prenne modèle sur la princesse Amélie Virginie ? Elle a échoué. Son décret n'a jamais été adopté. Personne n'était même au courant de son existence. Je suis la première...

— À la semaine prochaine », m'a coupée le Dr de Bloch.

Et là-dessus, il m'a raccompagnée à la porte.

Franchement, il y a quelque chose qui me dépasse. Mon père paie ce type pour qu'il m'aide à résoudre mes problèmes, et tout ce qu'il fait, c'est me dire que c'est à moi seule de les résoudre.

Je croyais que c'était pour ça qu'il était payé ????

Et qu'est-ce que je suis censée faire pour la princesse Amélie Virginie ? J'ai essayé d'imposer son décret à mon père et il n'a rien voulu savoir. Qu'est-ce que je peux faire d'autre ?

Mais le pire, c'est que le Dr de Bloch a reçu mes analyses de sang et... je n'ai rien. Tout est normal. Mieux que normal, même. Moi qui pensais que le fait d'avoir recommencé à manger de la viande aurait tellement augmenté mon taux de cholestérol qu'on pourrait lui mettre ma dépression sur le dos. C'est raté ! Mon cholestérol est nickel. Comme tout le reste. Je suis en aussi bonne santé qu'un jeune cheval fougueux.

Oups. Pourquoi j'ai dit « cheval » ?

Zut, on est arrivés. Comment j'ai pu ACCEPTER

de participer à ce gala du Domina Rei ? Ça aussi, ça me dépasse.

En tout cas, si Grand-Mère fait partie de ce club grâce à moi, elle a intérêt à me lâcher avec mes cheveux.

Pancho ? Il m'a vraiment parlé d'un cheval qui s'appelle PANCHO ?

Vendredi 24 septembre, dans les toilettes du Waldorf Astoria ✦

Elle déteste mon vernis à ongles.

Pire, elle fait comme s'il risquait de gâcher ses chances d'être cooptée et semble plus contrariée par mon Rouge Fantaisie que par le fait que notre famille vit, depuis des siècles, sur un mensonge.

C'est la première chose que je lui ai dite quand je suis entrée dans sa suite.

« Grand-Mère, ai-je dit, tu ne peux pas être d'accord avec papa et ne pas tenir compte du dernier souhait de la princesse Amélie Virginie. »

Elle a roulé des yeux avant de répondre :

« Tu ne vas pas recommencer avec ça ! Ton père m'a PROMIS que tu n'en parlerais plus ! »

Qu'il ne m'en parlerait plus, pour être plus exact.

Il n'a répondu à aucun de mes appels de toute la journée. En fait, il m'ignore. Comme Lilly. C'est-à-dire comme Lilly avant qu'elle n'explose cet après-midi.

« Voyons, Amelia, a poursuivi Grand-Mère, tu ne peux pas t'attendre à ce que nous changions nos vies à cause du caprice d'une princesse morte il y a quatre cents ans ?

— Le décret de la princesse Amélie Virginie n'était pas un caprice, ai-je riposté. Et ça ne changerait pas grand-chose à nos vies. La seule différence, c'est qu'on ne GOUVERNERAIT pas. C'est le PEUPLE qui gouvernerait, ou du moins qui CHOISIRAIT celui qu'il veut avoir à sa tête. Et il y a de fortes chances pour que ce soit papa.

— Et si ce n'était pas le cas ? a fait Grand-Mère. Où irions-nous VIVRE ?

— Grand-Mère, tu sais très bien qu'on continuerait à vivre au palais.

— Pas obligatoirement, a rétorqué Grand-Mère. Le palais deviendrait la résidence du Premier ministre, et rien ne dit que ce serait ton père. Crois-tu vraiment que je supporterais qu'un POLITICIEN vive dans mon beau palais ? Il ferait mettre de la moquette partout. Et BEIGE en plus. »

Je vous jure que j'ai eu envie de l'étrangler, à ce moment-là.

« Grand-Mère, ai-je repris, le Premier ministre vivrait… je ne sais pas, mais ailleurs. On serait toujours la famille royale, on occuperait toujours le palais et on continuerait à remplir nos fonctions normalement, SAUF GOUVERNER.

— Ton père ne veut plus entendre UN MOT à ce sujet, n'a-t-elle rien trouvé d'autre à répliquer. Je te prierais donc de ne pas insister. Parlons plutôt de tes ongles. Qu'est-ce que c'est que ce vernis ? Que cherches-tu, Amelia ? Que j'aie une attaque ? »

O.K., j'admets que cette soirée semble, apparemment, hyper importante pour elle. Si vous aviez vu comme elle était fière quand la comtesse nous a rejointes pendant le cocktail et a dit :

« Princesse Amelia ? Mon Dieu ! Comme vous avez grandi depuis la dernière fois que je vous ai vue !

— Eh oui », a fait Grand-Mère en jetant un coup d'œil au ventre énorme de Bella Trevanni. Ou, plutôt, au ventre énorme de la princesse René. « Votre petite-fille aussi, a-t-elle ajouté.

— Le bébé devrait arriver d'un jour à l'autre, a roucoulé la comtesse.

— Vous connaissez la nouvelle ? a demandé Bella. C'est une fille ! »

On l'a félicitée toutes les deux. Il faut dire que

Bella a l'air super heureux. Elle est rayonnante, comme on le dit des femmes enceintes.

Et que le bébé soit une fille, c'est parfait pour mon cousin René, lui qui aime tant flirter. Quand sa gamine sera grande, il comprendra enfin ce que les pères des filles avec qui il est sorti ont ressenti. Mais la comtesse n'est pas la seule personne que Grand-Mère espère impressionner, ce soir. La crème de la crème de la société new-yorkaise est là — enfin, les femmes. Le Domina Rei n'accepte pas les hommes, sauf pour le bal annuel. Je viens de voir Gloria Vanderbilt se remettre du rouge à lèvres derrière un palmier en pot.

Et je suis quasi sûre que la femme qui tirait sur ses collants dans la cabine des toilettes à côté de la mienne, c'était Madeleine Albright.

Maintenant, je comprends pourquoi Grand-Mère tient autant à faire partie de ce club : c'est parce que toutes les femmes qui en sont membres sont super puissantes, et charmantes aussi, je dois dire. En tout cas, la mère de Lana a été adorable avec moi quand on est arrivées, Grand-Mère et moi (elle n'a rien d'une femme qui a vendu le poney de sa fille sans la prévenir), et m'a serré la main en me disant que j'étais un modèle pour toutes les filles de mon âge dans le monde entier. Et qu'elle regrettait que sa propre fille n'ait pas la tête sur les épaules comme moi.

Bien sûr, Lana, qui se tenait à côté de sa mère, n'a pas pu s'empêcher de ricaner.

Mais pas méchamment, comme je m'en suis rendu compte quand, une seconde plus tard, elle m'a prise par le bras et m'a dit :

« Vise un peu. Ils ont installé une fontaine de chocolat chaud au buffet. Et vu qu'il est à base d'édulcorant, c'est zéro calorie. »

Puis, après m'avoir entraînée hors de portée de voix de Grand-Mère et de Mrs. Weinberger, elle a ajouté :

« Mate aussi les serveurs. Tu n'en as jamais vu d'aussi sexy. »

Bon. Je suis censée prononcer mon discours d'une minute à l'autre. Grand-Mère m'a obligée à la suivre dans la limousine pour le répéter une dernière fois. J'ai eu beau lui dire qu'il était trop rasant pour impressionner le public, sans parler de l'inspirer, elle est persuadée que les femmes du Domina Rei ont envie d'en savoir plus sur le système d'écoulement des eaux de Genovia.

Ben voyons. Ça m'étonnerait que Beverly Bellerieve – la journaliste qui présente les infos en prime time sur *Twenty-Four/Seven* – s'intéresse à l'évacuation des vidanges de Genovia. Je l'ai croisée tout à l'heure dans le hall. Quand elle m'a reconnue, elle m'a souri et a lancé :

« Hé, bonsoir ! C'est fou ce que vous avez grandi ! »

J'imagine qu'elle faisait référence à cette interview qu'elle avait faite de moi quand j'étais en première année au lycée et que…

Non.

NON, CE N'EST PAS POSSIBLE.

Ça ne peut pas être à ÇA qu'il pensait quand il m'a dit…

Non. Non, je dois me tromper.

En même temps… il m'a dit de ne *pas* me comporter comme Pancho. Il m'a dit de prendre modèle sur la princesse Amélie Virginie.

Elle voulait que Genovia soit une démocratie.

Mais personne ne le savait.

Sauf que ce n'est plus vrai.

Il y a quelqu'un qui est au courant maintenant.

Et ce quelqu'un, c'est *moi.*

Et je suis, en ce moment même, dans la position de faire en sorte que deux mille femmes d'affaires le soient aussi.

Y compris Beverly Bellerieve, qui est la plus grande pipelette de toute la presse télévisée américaine.

Non. Je ne peux pas faire ça. Ce serait mal.

Mon père me TUERAIT.

Mais si je le fais... c'cst sûr que je ne me comporterais pas comme Pancho.

Non, je peux pas faire ça à mon père. Ni à Grand-Mère.

En même temps, je m'en fiche de Grand-Mère. Mais mon père ?

Zut. Voilà Grand-Mère. Elle m'appelle. Ça va être à moi.

Non ! Je ne suis pas prête ! Je ne sais pas quoi faire ! J'ai besoin que quelqu'un me dise quoi faire !

Mais quelqu'un l'a déjà fait !

C'est juste que cette personne est morte il y a quatre cents ans.

LA PRINCESSE MIA LÂCHE UNE BOMBE D'UNE AUTRE SORTE

23 heures. Vendredi 24 septembre, New York
Dernière dépêche

La princesse Mia de Genovia – qui a récemment fait la une de la presse après qu'une explosion au nitrate d'amidon a détruit la salle de chimie du lycée Albert-Einstein dans laquelle elle se trouvait et l'a envoyée à l'hôpital, avec deux de ses camarades (dont John Paul Reynolds-Abernathy IV, le nouveau prétendant de la princesse au dire de tout le monde) – vient de lâcher une bombe d'une autre sorte, sous la forme d'un document vieux de quatre cents ans faisant de la principauté de

Genovia une monarchie, non plus absolue, mais constitutionnelle.

La différence est non négligeable. Dans une monarchie absolue, le roi – dans le cas de Genovia, le père de la princesse Mia, le prince Arthur Christoff Philippe Gerald Renaldo – est directement investi par Dieu, tandis que dans une monarchie constitutionnelle, si le monarque a un rôle symbolique (comme la reine d'Angleterre), toutes les décisions gouvernementales sont prises par un chef d'État élu, en général conjointement avec un corps parlementaire.

La princesse Mia a fait cette révélation lors d'un gala du Domina Rei, une organisation exclusivement féminine connue pour ses œuvres de charité et la célébrité de ses membres (on compte entre autres Oprah Winfrey et Hillary Rodham Clinton).

Au cours de son discours, la princesse Mia a lu quelques pages du journal de l'une de ses royales ancêtres, morte à seize ans, dans lequel celle-ci décrivait son combat contre la peste et un oncle autocratique. La princesse Mia a terminé par le décret par lequel elle garantissait au peuple de Genovia la liberté de choisir son prochain dirigeant.

Malheureusement, le document s'est perdu dans le chaos qui a suivi la pandémie… jusqu'à aujourd'hui.

On raconte que la joie qui illuminait la princesse Mia en annonçant qu'elle apportait la démocratie à son peuple a tiré les larmes d'un grand nombre de femmes présentes dans la salle. Quant à son allusion à une célèbre citation d'Eleanor Roosevelt – elle-même membre du Domina Rei –, elle lui a valu tout simplement une *standing ovation*.

« Faites tous les jours quelque chose qui vous terrifie, a déclaré la princesse Mia. Et ne pensez jamais que vous ne pouvez rien pour que les choses changent. Même si vous n'avez que seize ans, et que tout le monde vous dit que vous n'êtes qu'une adolescente stupide, n'acceptez pas que l'on vous rembarre. Eleanor Roosevelt a dit : *On ne peut vous rabaisser sans votre consentement.* Vous êtes toutes capables d'accomplir de grandes choses. Alors ne laissez personne vous dire que, sous prétexte que vous n'avez été princesse que douze jours, vous ne savez pas ce que vous faites. »

« Ce discours était totalement inspiré, a déclaré Beverly Bellerieve, la célèbre journaliste télévisée de *Twenty-Four/Seven,* qui a annoncé qu'elle consacrerait une émission spéciale au passage de la monarchie à la démocratie de Genovia. Et la façon dont la princesse douairière, la grand-mère de Mia, a réagi – en pleurant de manière presque hystérique – a ému toute l'assemblée. C'était vraiment une soirée inoubliable. Et le meilleur discours que j'aie jamais entendu à un gala. »

La princesse douairière et sa petite-fille n'ont malheureusement pas eu le temps de répondre à nos questions. Une limousine les attendait dès la fin du discours pour les conduire vers des destinations inconnues.

Quant à l'attaché de presse du palais de Genovia et le prince Philippe lui-même, ils sont injoignables.

Vendredi 24 septembre, 11 heures du soir, dans la limousine en rentrant du Waldorf Astoria ✨

Vous savez quoi ? Je m'en fiche. Je m'en fiche complètement.

J'ai fait ce qui me paraissait juste.

Papa a beau crier et répéter qu'à cause de moi leur vie est foutue, et Grand-Mère peut se pâmer tout ce qu'elle veut sur la banquette et réclamer un double Sidecar, je ne regrette rien.

Et je ne regretterai jamais.

Si vous aviez vu comme le public était ATTENTIF quand j'ai commencé à parler d'Amélie Virginie ! Le silence était encore plus intense que cet après-midi, au réfectoire, quand Lilly s'est déchaînée contre moi.

Et il y avait bien huit cents personnes de plus devant moi !

Et toutes me regardaient fixement, totalement envoûtées par l'histoire de la princesse Amélie Virginie. Je suis même presque sûre d'avoir vu Rosie O'Donnell PLEURER quand je suis arrivée au moment où oncle Francesco a brûlé tous les livres de la bibliothèque du palais.

Et quand je leur ai raconté comment Amélie

Virginie avait découvert sa première pustule, j'ai entendu Nancy Pelosy SANGLOTER.

Mais le plus fort, c'est quand je leur ai dit qu'il était temps que le monde admette que les filles de seize ans ne pensent pas qu'à poser en couverture de *Rolling Stone* en tee-shirt moulant ultra-court ou à aller de boîte de nuit en boîte de nuit, et qu'on aimerait bien être reconnues pour ce qu'on est, c'est-à-dire des personnes capables de défendre une cause ou d'aider des gens dans le besoin. Parce que là, le public s'est carrément levé pour m'ovationner.

Bref, après mon discours, alors que j'étais assaillie par toutes ces femmes qui tenaient à me féliciter personnellement — la mère de Lana m'a répété plusieurs fois qu'il n'y avait aucun problème pour que je fasse partie du Domina Rei dès que j'aurai dix-huit ans —, Lars a tiré sur la manche de mon tailleur (j'imagine que les hommes sont autorisés à participer aux soirées du Domina Rei quand ils sont gardes du corps) et m'a dit que Grand-Mère avait fait un malaise dans la limousine.

Et que mon père voulait me voir immédiatement.

Je suis sûre que Grand-Mère est tombée dans les pommes tellement elle était émue d'avoir enfin été invitée à faire partie d'un club qui l'a snobée pendant plus de cinquante ans. En tout cas, quand Sophia Loren est allée la voir et lui a proposé de la parrainer, elle a failli s'évanouir après lui avoir répondu qu'elle y réfléchirait.

Ce qui, en langage de princesse, signifie : « Je vous appelle demain matin, mais bien sûr que c'est oui ! Je ne peux pas vous donner ma réponse maintenant, sinon tout le monde va penser que je n'attendais que ça. »

Mon père, lui, m'a hurlé dessus pendant *une demi-heure* au moins, me reprochant de les avoir laissé tomber, Grand-Mère et lui, et qu'à cause de moi, ça allait être un vrai cauchemar avec le Parlement parce que j'avais insinué que notre famille avait caché ce document depuis tout ce temps, et qu'il allait devoir être candidat au poste de Premier ministre s'il voulait continuer à mener à bien les projets qu'il avait lancés, sans compter que ce n'était même pas sûr qu'il gagne les élections et que jamais Genovia ne s'habituerait à être une démocratie et que les votes seraient sûrement truqués, et que de toute façon, j'aurais quand même des responsabilités à assumer sauf que j'allais devoir me trouver un travail parce que ma rente serait coupée de moitié et qu'il espérait que j'étais fière de moi d'avoir détruit, en gros, une dynastie, et est-ce que je me rendais compte qu'on parlerait de moi dans l'histoire comme étant la honte de la famille Renaldo, jusqu'à ce que je glisse, l'air de rien :

« Au fait, papa, le Dr de Bloch aimerait te voir. Grand-Mère aussi. Il voudrait que vous m'accompagniez tous les deux vendredi, à ma prochaine séance. »

Vous savez quoi ? ÇA l'a arrêté tout net. Il avait l'air aussi paniqué que le jour où une hôtesse de l'air avait prétendu qu'elle était enceinte de lui. Jusqu'à ce qu'il réalise qu'il ne l'avait jamais rencontrée.

« Il voudrait me voir *moi* ? a-t-il répété ? Et il veut que je vienne avec ma MÈRE ?

— Oui, ai-je répondu sans me démonter. Parce que j'aimerais beaucoup revenir sur le questionnaire qu'on a rempli tous les deux, dans la salle d'attente du Dr de Bloch, tu te souviens, la première fois que j'avais rendez-vous avec lui. Tu as coché *Parfois* à la phrase *J'ai l'impression d'être passé(e) à côté de l'homme/la femme de ma vie* quand quinze jours avant, tu m'avais dit que tu avais toujours regretté d'avoir laissé maman partir. Bref, tu as menti au Dr de Bloch, et tu sais que quand on ment en thérapie – même à MON thérapeute –, on se fait du mal à soi-même, parce que comment veux-tu progresser si tu n'es pas honnête avec toi-même, hein ? »

Mon père s'est contenté de cligner des yeux, sans

doute parce que j'avais changé de sujet aussi brusquement.

Puis, il a froncé les sourcils, et a dit, l'air légèrement agacé :

« Mia, contrairement à ta vision hyper romantique de la vie, je ne me lamente pas 24 heures sur 24 d'avoir perdu ta mère. C'est vrai qu'il m'arrive de regretter que les choses n'aient pas mieux tourné entre nous. Mais la vie continue. Comme tu te rendras compte que la vie sans Michael continue. Alors, oui, j'ai l'impression d'avoir laissé filer la femme de ma vie, *parfois*. Mais le reste du temps, je garde l'espoir qu'un nouvel amour m'attend peut-être au coin de la rue – comme je souhaite qu'il t'attende, toi aussi. À présent, est-ce que nous pouvons revenir au sujet qui nous intéresse ? Tu n'avais absolument pas le droit de faire ce que tu as fait ce soir. Je ne te cache pas que tu m'as énormément déçu... »

Je n'ai pas écouté la suite, parce que je repensais à ce qu'il avait dit, *qu'il gardait l'espoir qu'un nouvel amour l'attendait peut-être au coin de la rue.*

Comment vit-on une telle transition ? Comment passe-t-on du désespoir le plus total quand la personne qu'on aime nous manque tellement qu'on a comme un trou qui fait mal dans la poitrine, à l'idée qu'un nouvel amour nous attend peut-être au coin de la rue ?

Je ne sais pas. Je ne sais tout simplement pas.

Mais j'espère qu'un jour, ça m'arrivera.

Oh, oh ! On est dans Thompson Street.

Super ! Un S.D.F. attend dans le hall de l'immeuble. Comme si ma soirée n'avait pas été assez mouvementée.

Heureusement, Lars est sorti avant pour lui demander de partir.

Pourvu qu'il n'ait pas besoin de sortir son pistolet hypodermique.

Samedi 25 septembre, 1 heure du matin, à la maison ✦

Ce n'était pas un S.D.F.

C'était J.P.

Il m'attendait dans le hall parce qu'il faisait super froid dehors, et qu'il avait eu peur de réveiller ma mère en sonnant à l'interphone.

Mais bref, comme il avait regardé les infos sur New York One et qu'il était donc au courant pour mon discours, il était venu aussitôt pour prendre de mes nouvelles.

En d'autres termes, il avait traversé toute la ville, juste pour me voir et s'assurer que j'allais bien !

« Ce que tu as fait, c'est énorme, a-t-il déclaré. Un coup, tu es une fille normale et le coup d'après, tu es princesse. Et puis, quelques années plus tard, tu es princesse et du jour au lendemain, tu ne l'es plus.

— Je suis toujours princesse, l'ai-je rassuré.

— Ah bon ? a-t-il fait.

— Hum, hum. Et je le serai toujours, ai-je répondu. Sauf que maintenant, je peux être princesse et avoir un travail, un appartement. Si je le souhaite. »

Alors que je lui expliquais tout cela devant l'entrée de l'immeuble – Lars avait rangé son Taser quand il s'était rendu compte que ce n'était pas un S.D.F. –, il s'est produit la chose la plus étrange qui soit : il s'est mis à neiger.

Je *sais*. Ça vous paraît bizarre qu'il neige à Manhattan si tôt dans l'année, surtout avec le réchauffement climatique. Mais il faisait quand même froid. Pas suffisamment froid, bien sûr, pour que la neige tienne. Mais c'étaient bien des flocons qui tombaient du ciel teinté de rose (de rose, à cause des nuages super bas qui reflétaient les lumières de la ville).

Bref, pendant que j'écoutais J.P. me dire qu'il était

content que je sois toujours princesse, j'ai levé les yeux pour regarder la neige tomber et j'ai laissé les flocons effleurer doucement mon visage.

Et là, d'un seul coup, je ne me suis plus sentie déprimée.

Je ne vois pas comment l'expliquer autrement. Je suis sûre que Mrs. Martinez serait hyper déçue par mon manque de verbes descriptifs.

Mais ça s'est passé exactement comme ça. D'un seul coup, je n'ai plus été triste du tout.

Attention, je ne dis pas que j'étais guérie.

Mais j'avais grimpé quelques dizaines de centimètres hors de mon trou et je voyais à nouveau le ciel. Il était au-dessus de ma tête au lieu d'être hors d'atteinte. Il était *presque* là…

Et alors que J.P. disait : « J'espère que tu ne penses pas que je te harcèle ou quoi que ce soit, parce que c'est faux. J'ai juste pensé que tu aurais peut-être besoin d'un ami dans la mesure où ton père, j'imagine, doit être fou de rage », je me suis rendu compte que j'étais… heureuse.

Sérieux.

D'accord, je n'exultais pas. Je n'étais pas aux anges.

Mais c'était tellement agréable de ne plus me sentir triste que je n'ai pas réfléchi à ce que je faisais, et je me suis jetée au cou de J.P. et je l'ai embrassé sur la bouche.

J'avoue qu'il a eu l'air assez surpris. Cela dit, il s'est vite ressaisi et m'a serrée dans ses bras avant de m'embrasser à son tour.

Mais le plus étrange, encore plus étrange que lorsque j'avais vu la neige tomber, c'est que...

J'ai ressenti quelque chose quand ses lèvres ont touché les miennes.

Ça n'avait rien à voir, bien sûr, avec ce que j'éprouvais quand Michael m'embrassait.

Mais il y avait quelque chose.

Peut-être était-ce simplement à cause des deux ou trois flocons sur mon visage.

Ou alors à cause de ce que mon père avait dit. Vous savez :

Garder l'espoir.

Je ne sais pas. En tout cas, je me sentais bien.

Au bout d'un moment, Lars s'est manifesté en s'éclaircissant la gorge et je me suis écartée de J.P.

Il m'a regardée alors, l'air gêné, et a dit :

« Bon, je reconnais que je te harcèle *un petit peu*. Est-ce que je peux te harceler encore demain ? »

J'ai souri et j'ai répondu :

« Oui. Bonne nuit, J.P. »

Et je suis rentrée.

Une fois dans ma chambre, j'ai vu que j'avais reçu deux messages.

Le premier était de Tina :

Cœuraimant : Mia ! Je viens de voir les infos ! Tu te rends compte que tu étais exactement comme Drew dans À tout jamais, une histoire de Cendrillon, quand elle arrive au bal avec ses ailes ! Sauf qu'au lieu d'être juste belle, tu as FAIT quelque chose. Quelque chose de mieux que transporter un prince sur ton dos. FÉLICITATIONS !!!!!! Tina.

J'ai cliqué ensuite sur le second message. Il venait de Michael.

Quand j'ai vu son nom, mon cœur s'est mis, comme d'habitude, à battre plus vite. J'imagine que ça ne changera jamais.

Mais au moins, je n'ai pas eu les mains moites, cette fois.

Le message de Michael contenait un lien sur l'article qui racontait que j'avais lâché une bombe d'une autre sorte, avec en dessous, le commentaire suivant :

SkinnerBx : Chère Mia, est-ce que tu viens de jeter par-dessus bord ton trône pour apporter la démocratie à un pays qui ne l'a jamais connue ? Bravo, Thermopolis ! Michael.

J'ai éclaté de rire en le lisant. C'était plus fort que moi.

Et vous savez quoi ? Ça m'a fait du bien de rire à une plaisanterie de Michael. J'avais l'impression que ça ne m'était pas arrivé depuis une éternité.

L'idée que Michael et moi, on puisse être amis – juste amis – m'a alors traversé l'esprit. Du moins, pour l'instant.

Du coup, au lieu de cliquer sur « effacer », j'ai cliqué sur « répondre ».

Et je lui ai répondu.

Composition MCP - *Groupe JOUVE* - 45770 Saran
N° 314292H

Impression réalisée sur CAMERON par
BRODARD ET TAU˙˙PIN
La Flèche
en septembre 2008

Dépôt légal imprimeur : 48888
20.16.1580.8/01 - ISBN : 9782012017009

Loi n° 49-956 du 16 juillet 1949 sur les publications destinées à la jeunesse.

Dépôt légal : septembre 2008